FRANCESCA W. SIMMONS

INTRODUZIONE

La realtà in cui viviamo oggi era impensabile fino a qualche decennio fa: l'intelligenza artificiale (IA), che per molto tempo è stata protagonista di romanzi di fantascienza o progetti sperimentali in lontani centri di ricerca, adesso è parte integrante della nostra quotidianità. Non servono più competenze da ingegnere per imbattersi nei frutti dell'IA: basta scorrere il feed di un social, chiedere un suggerimento a un assistente virtuale, lasciarsi tentare da una playlist musicale "personalizzata", o ricevere offerte lampo su un e-commerce che sembra indovinare i nostri gusti ancor prima che ce ne rendiamo conto.

Eppure, l'innovazione tecnologica è una moneta a due facce. Da un lato, ci semplifica la vita: ci mette in contatto con persone lontane, ci aiuta a ottimizzare i processi lavorativi, ci offre opportunità di apprendimento e informazione istantanea. Dall'altro, rischia di trarci in inganno: la comodità digitale può facilmente trasformarsi in un "habitat" dove siamo costantemente stimolati — e distratti — da notifiche, avvisi e raccomandazioni automatiche, al punto da perdere di vista chi siamo e cosa vogliamo davvero. È come se, a furia di affidarci a un'intelligenza esterna, ci dimenticassimo di coltivare la nostra.

È qui che entra in gioco il concetto di "Mindful AI": un modo di guardare alla tecnologia e all'intelligenza artificiale non come nemici da combattere, ma come alleati da conoscere, comprendere e, soprattutto, gestire in modo consapevole. In questo libro, ti proponiamo un percorso in cui la crescita personale — intesa come sviluppo di una presenza mentale, emotiva e relazionale più forte — si intreccia all'analisi accessibile delle moderne tecnologie. Non è un volume tecnico, né si rivolge a esperti di algoritmi: le nozioni che troverai sono state selezionate e spiegate in maniera semplice, perché lo scopo non è insegnarti a programmare reti neurali, ma farti capire come queste reti influenzano la tua vita, spesso senza che tu te ne accorga.

Cosa ci guadagni in tutto questo? Spazio mentale, libertà di scelta, equilibrio. Nel momento in cui impari a riconoscere i meccanismi con cui l'IA agisce — dalla personalizzazione delle pubblicità online fino agli algoritmi che regolano ciò che vedi in bacheca sui social — diventi più consapevole delle strategie che puoi mettere in campo per tutelare la tua concentrazione, il tuo benessere e le tue priorità reali. In altre parole, se il mondo digitale si propone di semplificare la vita, noi vogliamo che tu possa trarre il meglio da questa "semplificazione", anziché esserne sopraffatto.

Due tipologie di lettori hanno ispirato questo lavoro. Da un lato, c'è chi prova curiosità per la tecnologia e ne percepisce tanto il potenziale quanto i rischi, senza tuttavia possedere competenze specialistiche: è la persona che si informa leggendo articoli, seguendo tutorial online, sperimentando app e software, ma che spesso si domanda come "tutto questo" influisca sul suo quotidiano e sul suo benessere mentale. Dall'altro lato, c'è chi — per studio o professione — è già immerso in un contesto digital-first, tra email, videoconferenze, analisi dati e lavori collaborativi in cloud, e che avverte il bisogno di ritrovare un equilibrio tra il "connesso" e il "disconnesso", tra la velocità dell'innovazione e la profondità del proprio sentire.

A entrambe queste platee vogliamo offrire una bussola: non un dogma, non regole ferree, ma principi e pratiche da applicare per connettersi con l'IA in modo armonioso. La parola chiave è "mindfulness": essere presenti, lucidi e consapevoli nel qui e ora, osservare le nostre reazioni interiori prima di reagire per automatismi. Sebbene la mindfulness nasca come pratica meditativa, in questo libro la tratteremo in modo pratico e laico, come un insieme di tecniche di attenzione e di comprensione che puoi integrare nelle tue giornate, in casa o sul lavoro, da solo o in team, con l'aiuto di un'app o in totale assenza di dispositivi elettronici.

Nel corso dei capitoli, parleremo delle basi dell'IA e delle sue applicazioni concrete, così da renderti familiare con i termini chiave — "machine learning", "deep learning", "algoritmo di raccomandazione" e altri — spiegati in un linguaggio accessibile. Vedremo come questi sistemi "pensano" e come si interfacciano con i meccanismi cognitivi del cervello umano, sorprendendoci talvolta per alcune similitudini e scoprendo, al contempo, l'insostituibile unicità dell'intelligenza emotiva e creativa dell'uomo.

Approfondiremo poi il legame tra IA e benessere psicologico: capiremo come i social network e le piattaforme di streaming sfruttino i nostri bias cognitivi e il nostro desiderio di novità per tenerci incollati agli schermi; esamineremo le potenzialità di automazione nelle aziende e nella gestione del tempo, riflettendo su come evitare che la comodità si trasformi in alienazione. Tutto ciò con l'obiettivo di farti prendere consapevolezza delle dinamiche sotterranee che regolano molte delle scelte che compi ogni giorno, dal cibo da ordinare alle serie TV da guardare, dai social da consultare alle app che ti suggeriscono percorsi di fitness o meditazione.

E poi, naturalmente, entreremo nel cuore pulsante del libro: la mindfulness applicata all'era digitale. Qui troverai esercizi pratici, spunti di riflessione, piccole sfide quotidiane da inserire nella tua routine: per imparare, ad esempio, a riconoscere i segnali di sovraccarico digitale, a gestire le notifiche e le tentazioni di scroll infinito, a creare momenti di "silenzio" interiore in un mondo che, al contrario, tende a bombardarti di impulsi continui. Ti offriremo strumenti e metodologie per restare umano, ovvero per coltivare l'empatia verso te stesso e gli altri, nonostante (o grazie a) la tecnologia.

Non crediamo che l'IA sia un problema in sé, né che si debba demonizzare il progresso. Al contrario, l'innovazione è una straordinaria opportunità, capace di liberare energie, risorse e creatività mai viste prima. Tuttavia, ogni salto tecnologico porta con sé la necessità di ridefinire i nostri confini: quali compiti affidiamo alle macchine? Come salvaguardiamo la nostra autonomia decisionale? Come gestiamo i dati — intesi come informazioni preziose sul nostro comportamento — che cediamo quotidianamente alle piattaforme online? Ecco perché la nostra risposta è un invito a unire la consapevolezza (mindfulness) con la comprensione di ciò che l'IA può e non può fare.

Intraprendere questo viaggio significa, in ultima analisi, guardare dentro di noi tanto quanto allo schermo di un computer. Significa porci domande profonde sulla nostra identità, i nostri valori e il mondo che desideriamo costruire. L'IA non è semplicemente "loro" o "altro", ma un prodotto della nostra capacità di innovare, e tocca a noi assicurarci che sia al servizio di un'umanità più realizzata e luminosa.

Perciò, se hai in mano questo libro, è perché sei pronto a esplorare con mente aperta e spirito critico le sfide e le meraviglie dell'era digitale. "Mindful AI: Vivere consapevolmente nell'era dell'intelligenza artificiale" è il nostro modo di dirti che non devi scegliere tra progresso e autenticità: puoi abbracciare il futuro tecnologico e, insieme, riscoprire la tua presenza mentale, il tuo spazio interiore, la tua innata capacità di scegliere chi essere e come agire. Ti invitiamo a un percorso di scoperta, apprendimento e trasformazione, in cui la tecnologia diventerà un alleato se saprai come dialogarci da protagonista e non da semplice spettatore.

Che tu sia un professionista, uno studente, un appassionato di innovazione o semplicemente una persona in cerca di maggiore equilibrio, le pagine che seguono ti aiuteranno a comprendere meglio chi sei in rapporto a un mondo iperconnesso e come puoi vivere questa evoluzione tecnologica in modo intenzionale e consapevole. Con un pizzico di curiosità, una buona dose di spirito critico e la voglia di sperimentare le pratiche di mindfulness che ti proporremo, avrai tutto ciò che serve per restare umano in un mondo di algoritmi — e persino per fiorire, con la forza tranquilla di chi sa dove vuole dirigere la propria attenzione, il proprio tempo e la propria energia.

CAPITOLO 1

L'intelligenza artificiale (IA) è spesso descritta come una "rivoluzione" in corso, ma a ben vedere, la sua presenza si radica in decenni di studi, ricerche e applicazioni — alcune meno note, altre già diventate parte integrante delle nostre vite. Ciò che stiamo vivendo oggi è un punto di svolta: l'IA non è più confinata in laboratori universitari o grandi aziende tecnologiche, ma permea l'esistenza quotidiana di milioni di persone, dal momento in cui consultano il cellulare appena svegli all'istante in cui lo posano prima di andare a dormire.

In questo capitolo, esploreremo le origini e la rapida diffusione di questa tecnologia, per poi capire come mai, proprio ora, stiamo sentendo il bisogno di affiancare alla potenza dell'IA un'altra forza altrettanto dirompente: la mindfulness, ovvero la capacità di essere presenti e consapevoli nel qui e ora. Vedremo come la fusione di questi due mondi — uno profondamente radicato nell'innovazione tecnologica, l'altro con basi millenarie nella ricerca interiore — possa dare vita a una vera rinascita dell'essere umano nell'epoca digitale.

Per comprendere dove siamo arrivati, conviene fare un rapido viaggio nel passato, quando l'idea di "macchine pensanti" affascinava filosofi e scienziati, ma appariva ancora un sogno lontano. Alan Turing, negli anni Quaranta e Cinquanta del Novecento, fu uno dei primi a ipotizzare che i calcolatori potessero simulare — o persino emulare — le funzioni cognitive umane. La sua famosa domanda, "Le macchine possono pensare?", inaugurò un dibattito tuttora vivissimo.

Negli anni Sessanta e Settanta, i ricercatori iniziarono a sviluppare i primi algoritmi di "intelligenza artificiale" (il termine era stato coniato ufficialmente nel 1956 durante la conferenza di Dartmouth), ma il potenziale di quelle scoperte rimase a lungo limitato dai costi elevati dell'hardware e da conoscenze ancora embrionali nel campo del software. Le aspettative, tuttavia, erano altissime e, quando i risultati tardarono ad arrivare, si assistette a momenti di disillusione e riduzione dei fondi destinati alla ricerca — i cosiddetti "inverni dell'IA".

È con l'avvento di computer più potenti, l'aumento esponenziale di dati disponibili e la creazione di reti neurali artificiali sempre più complesse che si è aperta la fase recente di sviluppo accelerato. Oggi, la computer vision riconosce volti e oggetti con un'accuratezza che si avvicina (e a volte supera) quella umana; il machine learning è alla base di innumerevoli applicazioni quotidiane, dai consigli di Netflix ai chatbot che interagiscono con i clienti, dai sistemi di prevenzione delle frodi con le carte di credito a quelli di diagnosi medica assistita.

Se dal punto di vista storico e tecnologico l'IA è stata un sentiero lungo e pieno di sperimentazioni, dal punto di vista percettivo, a un certo punto è sembrata letteralmente "esplodere": si parla di "boom" perché molte persone si sono rese conto, tutte insieme, di utilizzare ormai software e dispositivi "intelligenti" senza nemmeno pensarci due volte. I nostri smartphone, oltre a telefonare, in realtà "imparano" dai nostri comportamenti, anticipano ciò che potremmo desiderare, e si interfacciano con una rete di servizi digitali che raccolgono e processano milioni di informazioni ogni secondo.

Per quanto sembri una tecnologia sofisticata, l'IA oggi si manifesta spesso in piccoli gesti:

- I filtri antispam nelle caselle di posta elettronica, che analizzano grandi volumi di e-mail per separare i messaggi utili da quelli indesiderati.
- Gli assistenti vocali come Alexa, Siri o Google Assistant, pronti a esaudire richieste di ogni tipo, dalla musica rilassante a fine giornata fino alle ultime notizie sul traffico.
- Le piattaforme di e-commerce che ti suggeriscono prodotti "pensati apposta per te", stimolando acquisti impulsivi o ricalcando scelte che hai fatto in passato.
- I social network che organizzano e selezionano i contenuti nel tuo feed, ordinandoli non (solo) in ordine cronologico, ma in base a ciò che il loro algoritmo reputa interessante o coinvolgente per te.

In ambito lavorativo, chi ha un ruolo manageriale o di analisi dati si affida a strumenti di machine learning per fare previsioni di mercato, valutare rischi o gestire in modo più efficiente gli approvvigionamenti. In azienda, l'intelligenza artificiale contribuisce a selezionare curriculum, gestire assistenza clienti 24 ore su 24, ottimizzare i processi di produzione e distribuzione.

Nel salotto di casa, ormai, non è raro trovare un televisore "smart" che ci conosce "meglio" di quanto immaginiamo, suggerendo serie TV in base ai nostri passati interessi, al tempo libero a disposizione e alle tendenze del momento. I frigoriferi intelligenti, i termostati connessi e i dispositivi domotici in genere si basano su algoritmi adattivi che imparano dai nostri orari, dalle nostre preferenze di temperatura e persino dai nostri gusti alimentari, per offrire un servizio sempre più "personalizzato".

Tuttavia, è proprio questa "personalizzazione spinta" che, se da un lato ci rende la vita più comoda, dall'altro rischia di trarci in trappola. Siamo ormai avvolti da un ecosistema digitale che non solo asseconda le nostre abitudini, ma, in certi casi, le guida, ne favorisce la cristallizzazione o le estremizza. Quel che ci piace, ci verrà proposto con frequenza ancora maggiore, spingendoci verso un "effetto eco" in cui i nostri interessi si rafforzano, le nostre visioni si auto-confermano e il mondo al di fuori di quel cerchio può iniziare a sembrarci estraneo, a volte perfino fastidioso.

La potenza dell'IA nel suggerire, filtrare e ordinare informazioni è una delle ragioni per cui oggi viviamo di notifiche e "compiti continui" che possono mettere a dura prova la nostra stabilità mentale. Se da una parte siamo grati di non dover più frugare tra centinaia di messaggi irrilevanti, dall'altra siamo costantemente sollecitati da stimoli digitali studiati per catturare la nostra attenzione. Le aziende hanno compreso che l'attenzione è una risorsa preziosa, forse la più preziosa nell'economia digitale, e gli algoritmi imparano rapidamente come trattenerci davanti allo schermo.

Il multitasking diventa la norma, con e-mail, chat, call, app di intrattenimento e siti di e-commerce pronti a contendersi il nostro sguardo e il nostro tempo. In questa battaglia dell'attenzione, l'essere umano rischia di stancarsi, di sentirsi in perenne debito di calma e di profondità. Le conseguenze sono evidenti:

- Aumento dello stress e difficoltà a rilassarsi autenticamente.
- Riduzione della capacità di concentrazione: fare troppe cose insieme o passare in continuazione da un task all'altro è spesso meno produttivo e porta a errori.
- Tempo personale eroso: chi non si è mai sorpreso a scrollare i social senza un vero scopo, perdendo la cognizione del tempo?

Qui si inserisce la necessità di un approccio che vada oltre il semplice "essere informati" o "restare al passo". Serve qualcosa che ci permetta di *riappropriarci* del nostro potere di scelta, della nostra lucidità. Serve un modo di osservare, con chiarezza, i meccanismi che ci spingono a reagire immediatamente a ogni "ping" o a ogni "buzz" del cellulare, e di decidere se, quando e come rispondere.

La mindfulness è una disciplina antica che, semplificando, potremmo definire come la capacità di prestare attenzione, intenzionalmente, al momento presente e di farlo in modo non giudicante. Nel contesto dell'era digitale, questa pratica acquista un significato ulteriore: rappresenta il freno di emergenza che possiamo attivare quando la mole di sollecitazioni e stimoli rischia di mandarci fuori strada.

La mindfulness insegna ad *osservare* le nostre reazioni automatiche (fisiche, mentali ed emotive) prima che queste prendano il sopravvento, e ci invita a *scegliere* come rispondere a ciò che accade dentro e fuori di noi. Ecco perché è tanto rilevante nel discorso sull'IA e sulla tecnologia:

1. Riconoscere la manipolazione algoritmica: non per diventare paranoici, ma per essere consapevoli del fatto che ciò che vediamo sui nostri schermi è frutto di scelte compiute da software progettati per massimizzare l'engagement.

2. Ritrovare il contatto con i nostri bisogni reali: quando i suggerimenti di acquisto o i contenuti proposti in automatico non rispecchiano più ciò di cui abbiamo veramente bisogno, la mindfulness ci aiuta a distinguere desideri indotti da ciò che ci fa bene sul serio.

3. Gestire lo stress digitale: la pratica di respirazione consapevole, di pausa intenzionale e di auto-osservazione contribuisce a calmare la mente sovraccarica di notifiche.

4. Favorire la creatività e l'empatia: due qualità umane che, almeno per ora, l'IA non è in grado di replicare in modo autentico. L'innovazione vera scaturisce dall'unione di logica e intuito, mentre l'empatia nasce da un ascolto profondo dell'altro.

Quando parliamo di "Mindful AI", dunque, non intendiamo un "nuovo prodotto" o un "nuovo software", ma un nuovo approccio culturale e interiore, in cui la tecnologia è valorizzata come strumento e non subita come imposizione. Se lasciamo che sia sempre l'algoritmo a decidere al posto nostro, rischiamo di imboccare un sentiero in cui la nostra autonomia e la nostra identità si assottigliano. Come potremo scoprire nuove passioni, nuove visioni del mondo, se tutto ciò che ci viene mostrato è tarato sull'"identikit" che l'IA ha costruito di noi analizzando i nostri comportamenti passati? Allo stesso tempo, è giusto riconoscere che le comodità fornite dall'IA non sono tutte negative: possono liberarci da compiti ripetitivi e consentirci di dedicare più energia a ciò che conta davvero. Ma perché ciò avvenga, dobbiamo coltivare la consapevolezza di *come* utilizziamo questi strumenti.

- Prendere decisioni più sane: ad esempio, quando ci affidiamo a un'app per la salute o il fitness, possiamo scegliere di farlo mantenendo un ascolto attivo del nostro corpo, evitando di delegare interamente "cosa fare" a un piano d'allenamento standardizzato.
- Gestire i momenti di noia: in un'epoca in cui ogni attimo libero rischia di essere riempito dal check dei social, la mindfulness offre una finestra in cui la noia può trasformarsi in un *respiro di libertà*, un'occasione per stare con noi stessi e sentire se c'è qualcosa di più profondo che vorremmo fare o pensare.

- Proteggere l'empatia e le relazioni: se un chatbot ci risponde al posto di un amico (o persino al posto nostro), che impatto ha questo sul modo in cui costruiamo e viviamo i legami umani? La consapevolezza ci aiuta a non perdere il contatto con la comunicazione autentica e lo scambio sincero di emozioni.

Rendere l'essere umano protagonista significa che la tecnologia deve adattarsi a noi, e non viceversa. Certo, gli algoritmi possono "imparare" dalle nostre preferenze, ma spetta a noi stabilire quando e come interrompere il loro flusso, ricalibrare le impostazioni o concederci una pausa totale dallo schermo.

Nei prossimi capitoli, ci addentreremo più in profondità nei vari aspetti dell'IA: dal suo funzionamento di base ai meccanismi con cui filtra le informazioni, dalle implicazioni etiche su privacy e bias algoritmici all'impatto sulle nostre relazioni personali e professionali. Sarà un percorso che, come un filo rosso, avrà sempre al centro la domanda: "Come posso vivere questa realtà digitale senza farmi sovrastare?"

Scopriremo insieme come la mindfulness, con le sue radici nella meditazione e nelle pratiche di introspezione, possa essere declinata in chiave moderna per aiutarci a:
- Riconoscere i momenti di sovraccarico e gestire meglio l'ansia e lo stress.
- Scegliere con lucidità quando e come usare l'IA per semplificarci la vita, e quando invece è preferibile farne a meno.
- Riportare l'ascolto e la presenza al cuore delle nostre interazioni sociali, che siano online o offline.

- Creare routine sostenibili di utilizzo dei device, evitando di cadere in loop distruttivi o di alimentare dipendenze digitali.

Esamineremo casi reali, porteremo esempi di persone che hanno trovato un equilibrio fra professione iperconnessa e benessere mentale, e proporremo esercizi pratici di mindful tech: piccole sfide quotidiane da mettere in atto per ritrovare la sensazione di essere padroni della nostra attenzione.

Quello che stiamo vivendo può davvero essere definito "l'alba di una nuova era". Mai prima d'ora, nella storia dell'umanità, la tecnologia aveva ricoperto un ruolo tanto pervasivo nelle nostre vite. C'è chi ne teme l'avanzata e chi la esalta, ma una cosa è certa: non possiamo fare finta di niente. L'IA, con la sua capacità di imparare e di influenzare, è qui per restare e per evolversi ulteriormente.

Ma ciò che possiamo — e dobbiamo — fare è sviluppare un nuovo livello di consapevolezza, che ci permetta di cooperare con l'IA in modo da trarre beneficio da questa rivoluzione tecnologica, senza perderci per strada. Ed è proprio la mindfulness a fornirci il ponte per compiere questo salto evolutivo. Non una formula magica, ma un insieme di pratiche, attenzioni e riflessioni che, integrate nella nostra routine, ci consentono di rimanere in contatto con ciò che siamo e con ciò che possiamo diventare, nella dimensione digitale e oltre.

CAPITOLO 2

L'intelligenza artificiale è un insieme di tecniche e algoritmi che consentono ai computer di imparare dai dati, migliorare le proprie prestazioni nel tempo e "prevedere" possibili soluzioni senza essere esplicitamente programmati per ogni scenario. Da semplice innovazione "di nicchia" in laboratori di ricerca, è diventata una presenza costante nella vita di tutti noi — dal motore di raccomandazione di Netflix ai sistemi che filtrano le email indesiderate, dalle app che suggeriscono amici o partner "compatibili" alle piattaforme che individuano tendenze di mercato.

Immagina la giornata di Giulia, 29 anni, impiegata in una multinazionale. Al mattino, apre la sua app di dating, che sulla base delle preferenze e dei like già espressi le propone due nuovi profili "quasi perfetti". Subito dopo, dà un'occhiata ai social: l'algoritmo di raccomandazione le mostra solo notizie ed eventi vicini alla sua "bolla" di interessi, e l'acquisto di un paio di scarpe da ginnastica la sera prima fa apparire (quasi magicamente) sconti e promozioni in tema fitness. A lavoro, il suo manager usa un software di analisi predittiva per assegnare obiettivi al team, e Giulia spesso si chiede: "È davvero il mio capo a decidere, o è 'colpa' dell'algoritmo se devo lavorare fino a tardi?"
Questa vita ordinaria ci racconta più di mille teorie: l'IA è il motore che orienta le scelte (o le abitudini) di milioni di persone, intervenendo nel quotidiano con una discrezione tale da farci sentire, in certi momenti, rassicurati (perché ci toglie fatica) e in altri un po' "spiati" o condizionati.
La mindfulness, in questo contesto, è ciò che ci permette di accorgerci quando stiamo agendo in modo automatico (magari perché influenzati dalla "bolla" di contenuti su

misura) e di scegliere consapevolmente se, come e quando aderire ai suggerimenti dell'algoritmo.

Spesso ci avviciniamo all'IA carichi di preconcetti, perché il nostro immaginario è plasmato da film di fantascienza o notizie sensazionali. Facciamo chiarezza su alcuni dei miti più diffusi, mantenendo un approccio equilibrato tra informazione e critica.

Mito 1: "Le macchine ci sostituiranno e prenderanno il potere"

Si tratta dell'incubo di un futuro distopico in stile *Terminator* o *Matrix*. In realtà, come sottolineano studiosi come Sherry Turkle, le macchine non hanno un'intenzionalità autonoma: il software esegue istruzioni e ottimizza parametri definiti dall'uomo. Certo, la velocità e la mole di dati processati possono dare l'impressione che l'IA "superi" l'intelligenza umana. Ma senza l'intervento di chi progetta e regola questi sistemi, un algoritmo non "decide" di ribellarsi né di eliminarci.

Quando ci lasciamo prendere dalla paura di essere "sopraffatti" da un sistema robotico, rischiamo di non vedere il cuore del problema: come e perché l'IA è progettata in un certo modo. La mindfulness, spostando l'attenzione sul "qui e ora", ci aiuta a restare lucidi e a non farci travolgere da ansie futuristiche.

Mito 2: "I dati non mentono mai, l'IA è neutrale"

È facile credere che un algoritmo sia "oggettivo", perché si basa su numeri e statistiche. Tuttavia, autori come Ruha Benjamin evidenziano come i bias sociali possano essere trasposti nei sistemi automatizzati. Se un database storico esclude certe minoranze o attribuisce meno valore a particolari categorie di utenti, l'IA "eredita" automaticamente questi pregiudizi, replicandoli su scala più ampia.

Essere mindful significa notare i filtri e gli automatismi cognitivi — anche degli algoritmi. Possiamo chiederci: "Quello che mi sta consigliando è davvero ciò di cui ho bisogno, o sta solo replicando un trend basato su dati 'distorti'?". Fare questa domanda è il primo passo per non subire passivamente il bias sistemico.

Mito 3: "Con l'IA lavoreranno solo le macchine, e noi saremo liberi"
Molti sperano che l'automazione ci dispensi dalla noia e ci faccia vivere un eterno tempo libero. Ma la storia delle rivoluzioni industriali mostra che i posti di lavoro non "scompaiono" soltanto: si trasformano. Nascono professioni nuove (analisti di dati, trainer di chatbot, etc.), mentre altre mansioni vengono ridotte o automatizzate. Il vero rischio è aumentare il divario di competenze e la precarietà, se non si accompagna la trasformazione tecnologica con politiche adeguate.

La mindfulness non risolve il problema dell'occupazione, ma ci aiuta a comprendere i nostri reali bisogni e aspirazioni professionali: "Sto cercando di aggiornarmi per rimanere competitivo o sto inseguendo una chimera di comodità infinita?". Farsi questa domanda porta a scelte più deliberate e meno dettate dal panico o dall'illusione.
Per cogliere la vera portata dell'IA, non basta sapere "come" funziona a livello matematico. Dobbiamo osservare, come suggerisce la sociologa Sherry Turkle, il modo in cui le tecnologie "riprogrammano" anche le nostre abitudini emotive e relazionali. Parallelamente, Bruno Latour con la sua Actor-Network Theory ci invita a vedere come gli umani e le macchine formino reti di azione reciproca. Siamo tutti "attori" — dispositivi inclusi — in un sistema ibrido che ridisegna le forme dell'esperienza sociale.

Sul versante antropologico, studiosi come Clifford Geertz ci ricordano che gli esseri umani vivono in un "tessuto di significati" (culture), dove i simboli, i valori e le norme danno senso alle nostre azioni. L'IA, con la sua logica basata su correlazioni di dati, introduce modi diversi di costruire "significati" (pattern statistici anziché interpretazioni culturali), innescando potenziali conflitti o ibridazioni tra il nostro modo di narrare il mondo e quello "proposto" dagli algoritmi.

Giulia, la nostra protagonista, dopo aver partecipato a un webinar su "cultura digitale e bias", si rende conto che l'app di dating la "presenta" a persone con determinati requisiti socioeconomici, ignorandone altre. Si domanda se, nella sua stessa città, ci siano prospettive umane e relazionali che l'algoritmo sta "oscurando" in nome di una compatibilità basata su criteri superficiali (simili interessi musicali, quartiere di residenza, scelte di acquisto).

È qui che la mindfulness si estende oltre la dimensione individuale: sviluppando una coscienza critica collettiva, possiamo riflettere sulla cultura che vogliamo costruire accanto (o dentro) le tecnologie di IA. Non solo per i nostri interessi, ma per una società più inclusiva e sensibile alla pluralità di significati.

Una delle questioni più rilevanti oggi è la tendenza degli algoritmi di raccomandazione a rafforzare le nostre preferenze, mostrando contenuti simili a ciò che già apprezziamo. È il fenomeno delle filter bubble, teorizzato da Eli Pariser. Se clicchiamo spesso su notizie politiche di un certo orientamento, l'IA ci fornirà sempre più articoli dello stesso segno, escludendo voci discordanti. Così, ci ritroviamo in un "eco-sistema" di idee quasi omologate.

Questo non riguarda solo la sfera politica o informativa, ma investe anche i consumi culturali e perfino le relazioni affettive, come nel caso di Giulia e della app di dating. Il risultato? Un'apparentemente infinita personalizzazione che, in realtà, limita la nostra esplorazione del mondo.

Possiamo davvero accontentarci di una realtà "fatta su misura" per noi? Cosa rischiamo di perdere quando, in nome del comfort, rinunciamo a confrontarci con l'inaspettato o con l'opposto di ciò che già pensiamo? E nel prossimo capitolo, parleremo proprio di come l'etica e la mindfulness possano aprire spiragli di libertà nella "stanza degli specchi" algoritmica…

Se ci accorgiamo di stare per consumare per l'ennesima volta lo stesso tipo di contenuto, possiamo chiederci: "E se provassi qualcosa di nuovo?". Questo gesto di apertura consapevole è il contrario della chiusura dentro una bolla.

Faccio una piccola confessione (e mi prendo in giro da sola mentre lo faccio): per anni mi sono cullata nella mia "comfort zone digitale", beandomi della comodità con cui le piattaforme online sembravano "leggere" i miei desideri. Amavo scoprire nuove serie TV consigliate su Netflix (sempre lo stesso genere, ma in fondo mi ci trovavo bene), aprire i social e trovare solo contenuti su misura per me — e se l'e-commerce sfornava offerte che parevano fatte apposta per la mia pigrizia, ero assolutamente felice di arraffarle senza pormi troppe domande.

Ero arrivata a credere di aver trovato il Nirvana tecnologico: mai più tempo perso a cercare, confrontare e scegliere, perché tanto c'era l'algoritmo a fare il lavoro "sporco". Poi, pian piano, ho iniziato a rendermi conto che stavo girando sempre negli stessi recinti virtuali: stessi siti, stesse notizie, stessi consigli, stessi "sentieri" digitali. Un giorno, con la stessa prontezza con cui si accende una lampadina (anzi, più lentamente, a dirla tutta), ho sentito una vocina interiore che mi chiedeva: "Ma non ti starai chiudendo da solo in questa gabbia dorata?".

Per rispondere a questa vocina, mi sono iscritto a un corso di meditazione mindfulness. All'inizio, devo ammettere che mi aspettavo di trascorrere qualche pomeriggio con incensi, candele e frasi zen riciclate. Con mia sorpresa, invece, tra un esercizio di respirazione e l'altro, mi sono trovata a riflettere su chi stesse davvero prendendo decisioni a casa mia — anzi, nel mio smartphone: "Chi mi sta dicendo cosa guardare, cosa comprare, perfino con chi uscire?". È stato un piccolo shock scoprire che in parte ero io a confermare, puntualmente e senza troppi dubbi, l'immagine che l'algoritmo aveva costruito su di me.

Voglio essere chiara: non ho la minima intenzione di demonizzare la tecnologia — figurarsi, continuo a ringraziare le intelligenze artificiali che mi propinano playlist musicali miracolose o che mi semplificano la contabilità personale. Il punto è un altro: quante delle nostre scelte nascono da **noi** e quante, invece, rispondono a una serie di segnali e suggerimenti ai quali ubbidiamo quasi come cagnolini in addestramento? Se ci fermiamo un secondo a pensare, quando è stata l'ultima volta che abbiamo respirato a fondo prima di cliccare su "Compra ora", o che abbiamo fatto silenzio dentro di noi per domandarci: "Ma davvero mi serve questa cosa, o sto solo seguendo una routine comoda e preconfezionata?".

Questa piccola confessione, un po' ironica e un po' autocritica, è soprattutto un invito a riflettere — non a buttare via smartphone e abbonamenti. Credo che la vera sfida sia coltivare un pizzico di lucidità in più e non lasciarci ipnotizzare. Se vogliamo assicurarci che i nostri bisogni e desideri più profondi abbiano ancora una voce, dovremmo imparare a ritagliarci momenti di silenzio (mentale e digitale) per domandarci: "Sto facendo ciò che desidero davvero, o mi sto limitando ad assecondare l'algoritmo di turno?".

Come abbiamo visto, l'IA non è un misterioso "cervello artificiale" che ambisce a sottomettere l'umanità; è un insieme di algoritmi e procedure che danno forma a un ecosistema di servizi, opportunità e rischi. L'approccio "ibrido" — che integra uno sguardo culturale e relazionale a una base di comprensione tecnica — ci aiuta a non cadere in semplificazioni (né paranoiche né entusiaste acritiche) e a interpretare meglio le dinamiche di potere e di significato che governano i sistemi automatizzati.

In questo scenario, la Mindful AI rappresenta la sintesi tra conoscenza dell'IA e presenza mentale: un binomio che ci restituisce la capacità di *scegliere* come interagire con la tecnologia, anziché subirla in modo passivo. Nei capitoli successivi, entreremo ancora più nel vivo di questa sinergia, esaminando come la mindfulness possa concretamente contrastare fenomeni di sovraccarico digitale, prevenire la dipendenza da notifiche e aiutarci a mantenere un saldo contatto con la nostra umanità — l'unica intelligenza, per ora, davvero consapevole di se stessa.

CAPITOLO 3

Secondo un report pubblicato da DataReportal (gennaio 2023), nel mondo si contano 5,44 miliardi di utenti unici di telefonia mobile e più di 4,76 miliardi di persone attive sui social network, con una crescita annua costante di almeno il 4%. Ciò significa che una buona parte della popolazione mondiale trascorre quotidianamente diverse ore in rete — tra chat, feed social e ricerche online. Un altro dato interessante è quello rilevato da App Annie (ora Data.ai), che segnala come il tempo medio trascorso sullo smartphone superi le 4,8 ore al giorno in diversi Paesi (tra cui Brasile, Indonesia e Corea del Sud).

Se a questi numeri aggiungiamo i dati sul multitasking digitale — ad esempio, la tendenza a passare da una finestra di lavoro all'altra o a guardare il cellulare mentre si svolge un compito — ci rendiamo conto di quanto l'iperconnessione sia un tratto distintivo della nostra contemporaneità. L'economia dell'attenzione, in cui le piattaforme competono per mantenerci "incollati" agli schermi il più a lungo possibile, diventa quindi un fattore cruciale.

Sul fronte professionale, la McKinsey & Company ha stimato nel 2021 che la perdita di produttività legata alle interruzioni digitali possa arrivare a pesare fino al 28% sulla giornata lavorativa di un impiegato medio. Ciò equivale a quasi due ore e mezza al giorno "sacrificate" tra e-mail non urgenti, notifiche invadenti e passaggi continui tra diverse applicazioni.

Dal punto di vista della salute mentale, un'indagine condotta dall'American Psychological Association (APA) nel 2022 ha evidenziato che il 43% degli adulti intervistati negli Stati Uniti percepisce come "significativo" l'effetto stressante dell'essere sempre disponibili o contattabili via smartphone.

Un dato, quest'ultimo, che si collega a sintomi quali insonnia, ansia e difficoltà di concentrazione.

In questo quadro, la mindfulness digitale emerge come un'opportunità concreta per mitigare gli impatti negativi dell'iperconnessione, offrendo strumenti per regolare il proprio rapporto con la tecnologia e recuperare spazi di silenzio interiore e concentrazione mirata.

Dal punto di vista delle neuroscienze, la mindfulness è stata oggetto di numerosi studi, soprattutto nell'ultimo ventennio. Un meta-studio pubblicato nel 2018 sul "JAMA Internal Medicine" (rivista collegata all'American Medical Association) ha preso in esame 47 ricerche cliniche controllate, evidenziando che la pratica meditativa regolare riduce mediamente i sintomi di stress e ansia del 25-30% rispetto ai gruppi di controllo non praticanti.

Ma cosa succede, nello specifico, nel nostro cervello? Le ricerche condotte con risonanza magnetica funzionale (fMRI) mostrano una maggiore attivazione della corteccia prefrontale dorsolaterale (coinvolta nell'attenzione esecutiva) e un aumento della densità di materia grigia in aree come l'insula e la corteccia cingolata anteriore (collegate all'elaborazione delle emozioni). Parallelamente, si riduce l'iperattività dell'amigdala, nota per il suo ruolo nelle risposte di stress e paura.

In termini pratici, questo significa che chi medita con costanza sviluppa una migliore capacità di regolare i propri stati interni, di non "farsi trascinare" da ogni spinta emotiva o notifica digitale. È come se si creasse un "filtro interno" più robusto, in grado di vedere la notifica arrivare senza scatenare un immediato riflesso di "clic".

Un altro aspetto fondamentale è la capacità di attenzione selettiva, spesso messa a dura prova dall'iperconnessione. Uno studio condotto dall'Università della California, Irvine

(2019) ha rilevato che, in media, un impiegato d'ufficio viene interrotto (o si auto-interrompe) ogni 3-5 minuti, e impiega oltre 20 minuti per tornare al livello di concentrazione precedente. Questo ciclo di interruzioni riduce l'efficienza lavorativa e può generare un senso costante di "incompiutezza".

La mindfulness, insegnandoci a portare l'attenzione su un oggetto (come il respiro o un compito preciso) e a riportarla delicatamente quando si disperde, allena proprio la rete di attenzione esecutiva (executive attention network). Con la pratica, si impara a dire "no" — o almeno "aspetta un attimo" — allo stimolo della notifica, sviluppando una sorta di barriera che evita il passaggio immediato da un task all'altro.

Un approccio sempre più in voga è quello del minimalismo digitale, teorizzato da autori come Cal Newport. L'idea base è selezionare con cura le app e i servizi davvero necessari, riducendo la "rumorosità" delle notifiche. La maggior parte di noi ha lo smartphone intasato di app che non utilizza mai o quasi, ciascuna delle quali può emettere suoni, vibrazioni, alert visivi e badge numerici.

- Consiglio pratico: dedica un pomeriggio a fare "pulizia" sul tuo telefono. Disinstalla o disattiva ciò che non ti serve. Per le app essenziali, personalizza le notifiche (solo i messaggi diretti più importanti, disabilitando magari i suoni di gruppo o quelli commerciali).

Accanto a una gestione più razionale delle notifiche, è fondamentale integrare momenti di mindfulness nella routine quotidiana. Non servono sessioni lunghe o mistiche, bastano pausa di respiro di 1-2 minuti. Alcuni esempi:

1. La mattina: prima di controllare il cellulare, siediti sul letto o su una sedia, chiudi gli occhi (se vuoi) e semplicemente osserva l'aria che entra e esce dalle

narici. Se arriva il pensiero "devo leggere le email", riconoscilo e poi torna al respiro.

2. Ogni due ore: imposta un promemoria che ti inviti a fermarti 60 secondi e fare un check interno: "Come mi sento? Dove è la mia attenzione in questo momento?".

3. Dopo una call stressante: invece di aprire subito un altro software o rispondere a un'altra chat, concediti qualche secondo per percepire i tuoi muscoli (spalle, collo, mani) e sciogliere le tensioni con un respiro profondo.

I social network sono tra i maggiori "predatori" del nostro tempo e della nostra concentrazione. Secondo un'indagine dell'agenzia We Are Social (2023), l'utente medio trascorre circa 2 ore e 31 minuti al giorno sulle piattaforme social. È un dato enorme se consideriamo che, in un anno, fa oltre 38 giorni interi passati a scrollare bacheche.

• Consiglio pratico: prova a stabilire, per una settimana, un limite di tempo giornaliero su un social che usi molto. Puoi utilizzare le impostazioni del dispositivo o app dedicate (es. "Your Hour" o "Moment") per tracciare l'uso. Noterai probabilmente un "impulso" a sforare quei limiti, ma proprio in quell'impulso sta la possibilità di esercitare la mindfulness: "Davvero voglio passare altro tempo qui? Che effetto mi fa restare o smettere?".

Molte aziende stanno iniziando a comprendere l'impatto negativo dell'iperconnessione sulla produttività e sul benessere dei lavoratori. In Francia, dal 2017 è in vigore il cosiddetto diritto alla disconnessione (right to disconnect), che stabilisce che i dipendenti possano non rispondere a email o telefonate di lavoro fuori dall'orario contrattuale. Una ricerca dell'Università Paris-Saclay ha rilevato che, nelle imprese che hanno adottato seriamente tali policy, si è riscontrato un calo del 16% del burnout correlato all'uso invasivo delle comunicazioni digitali.

Laddove i datori di lavoro si impegnano a definire orari di reperibilità chiari e a non pretendere la "connessione totale", i dipendenti hanno modo di ritrovare equilibri migliori tra vita privata e professionale. La mindfulness digitale, in questo contesto, diventa parte di una strategia più ampia di gestione sostenibile del lavoro.

Non basta la volontà individuale: c'è bisogno di una visione collettiva che promuova l'uso consapevole della tecnologia. In diverse scuole europee e americane, stanno prendendo piede programmi di educazione all'alfabetizzazione mediatica e alla mindfulness, rivolti ai giovanissimi. L'idea è insegnare fin dalle elementari e medie la capacità di distinguere una ricerca online approfondita dalla semplice "googlata" rapida, nonché la gestione attenta di social e chat.

È in quest'ottica che le istituzioni potrebbero favorire percorsi formativi per insegnanti e famiglie, creando un ecosistema in cui non è il singolo a doversi difendere (spesso in solitudine) dall'iperconnessione, ma tutta la comunità a sviluppare nuove norme culturali. Pensiamo, ad esempio, a regolamenti che limitino l'uso indiscriminato di device durante le lezioni, o a "laboratori mindfulness" settimanali — iniziative che in alcune regioni iniziano a comparire.

Arrivati a questo punto, dovremmo avere chiaro un messaggio fondamentale: l'iperconnessione è un fenomeno complesso che non possiamo semplicemente contrastare con un clic su "disattiva notifiche". Coinvolge la nostra biologia (perché il cervello reagisce agli stimoli), la nostra psicologia (perché spesso cerchiamo conferme e gratificazioni nei social), la cultura e persino le politiche aziendali e nazionali. La mindfulness digitale si presenta dunque come un approccio "interdisciplinare" che unisce aspetti neuroscientifici, pratiche quotidiane, riflessioni etiche e scelte sociali.

- Perché sperimentare la mindfulness digitale?
    1. Per recuperare la piena proprietà dell'attenzione, risorsa sempre più sfruttata in un'economia basata sull'engagement.
    2. Per ridurre sintomi di ansia e di stress digitale, migliorando la qualità del sonno e la concentrazione.
    3. Per favorire un uso intenzionale dei device, allineato ai nostri reali valori e obiettivi di vita, senza chiuderci in "bolle" di contenuti preconfezionati.
- Cosa possiamo fare sin da subito?
    1. Introdurre micro-pause mindful nella giornata (da 1 a 5 minuti), dedicandole all'ascolto del respiro o delle sensazioni corporee.
    2. Stilare una lista delle app e dei siti che realmente ci servono, rimuovendo o silenziando ciò che è superfluo.
    3. Dialogare con colleghi, amici e familiari per stabilire regole e confini (fasce orarie di "non disponibilità" o di "uso condiviso e consapevole" della tecnologia).
- Infine, non dimentichiamo che la mindfulness digitale non è solo una pratica personale ma collettiva: ogni volta che la adottiamo, influenziamo il contesto. Se in un'azienda più persone iniziano a gestire in modo mindful le comunicazioni, tutta l'organizzazione può trarne beneficio. Se in una famiglia si stabiliscono orari "tecnologia off", genitori e figli imparano a comunicare in maniera più diretta e profonda.

Il cammino verso una "rivoluzione gentile" — in cui l'IA e l'iperconnessione non siano vissute come forme di oppressione, bensì come opportunità di autentica evoluzione personale e collettiva — presuppone tanto costanza quanto apertura mentale. Si tratta di un percorso che implica il ripensamento della nostra relazione con la tecnologia, non più vista come un mero fornitore di stimoli o un "amplificatore" di consumi, ma come uno spazio simbolico nel quale possiamo imparare a costruire senso anziché subirlo.

Nei capitoli successivi, cercheremo di mostrare come l'intelligenza artificiale possa dialogare con la mindfulness sotto diversi punti di vista: professionale, etico e relazionale. Rifletteremo sul modo in cui la consapevolezza diventi un ingrediente fondamentale non soltanto per difendere la nostra attenzione, ma anche per nutrire la creatività e la collaborazione umana. E scopriremo come alcune realtà all'avanguardia stiano già sperimentando una cultura lavorativa "mindful", in cui la tecnologia non aliena, ma sostiene l'espressione più profonda delle potenzialità umane. Per far sì che questa visione non resti un'astrazione, il primo passo è inevitabilmente sperimentare. Provare un semplice esercizio di respirazione prima di interagire con lo smartphone, stabilire piccole regole per contenere il bombardamento di notifiche, oppure discutere di abitudini digitali in famiglia o in ufficio: ognuno di questi atti, per quanto all'apparenza minimo, è già un gesto di trasformazione. Contribuisce infatti a realizzare quell'idea di "Mindful AI" in cui la tecnologia diventa strumento di empowerment — non una gabbia che ci limita, ma un alleato che amplifica la nostra umanità.

Un vecchio adagio ci ricorda che "Non si cambia vita in un giorno, ma ogni giorno può diventare l'occasione per una svolta". In quest'ottica, la mindfulness digitale diventa il varco verso un nuovo modo di abitare la sfera virtuale, offrendoci momenti di lucidità e presenza in un oceano di segnali che, altrimenti, rischierebbe di sommergerci. Chissà, forse tra qualche tempo ci sorprenderemo a guardare il nostro smartphone con un sorriso, non più come un padrone esigente da servire, ma come un partner di viaggio da consultare nel momento opportuno, con la giusta calma e nel giusto spirito.

CAPITOLO 4

L'avvento dell'Intelligenza Artificiale (IA) e l'evoluzione dei modelli di business basati sui dati hanno trasformato radicalmente il mondo del lavoro, ridefinendo competenze richieste, ruoli professionali, e persino le dinamiche relazionali in ufficio. Parallelamente, la mindfulness — finora associata principalmente alla crescita personale e alla riduzione dello stress — inizia a trovare spazio anche in ambienti aziendali di vario tipo, dalle startup innovative alle grandi multinazionali.

Secondo un rapporto del World Economic Forum (WEF) pubblicato nel 2020 (The Future of Jobs Report), si prevede che, entro il 2025, le tecnologie di IA e l'automazione "elimineranno" circa 85 milioni di posti di lavoro a livello globale, ma ne creeranno anche 97 milioni di nuovi, richiedendo competenze diverse rispetto al passato. Questo spostamento non è solo quantitativo, ma qualitativo: mansioni ripetitive, basate su pattern prevedibili, verranno progressivamente affidate ai sistemi di machine learning, mentre l'essere umano assumerà ruoli orientati all'analisi complessa, alla creatività e alla gestione dei rapporti interpersonali.

Un'ulteriore conferma arriva da McKinsey & Company (studio del 2021), secondo cui le aziende che hanno investito in strumenti di IA per l'ottimizzazione dei processi (supply chain, customer service, analisi predittiva) registrano incrementi medi di produttività del 20-25%. Tuttavia, questi numeri vanno interpretati alla luce dei costi "umani": molte organizzazioni si trovano a dover riqualificare i dipendenti, sopportando tempi e investimenti non trascurabili.

Se da un lato l'IA richiede specialisti in data science, ingegneria del software e cybersecurity, dall'altro emergono competenze "softer" ma non meno cruciali. Il WEF insiste su una nuova generazione di soft skill: la capacità di lavorare in team virtuali, di risolvere problemi in modo creativo, di comunicare con chiarezza e di coordinare processi decisionali in cui l'IA è un "partner" e non un semplice strumento. Questo implica una meta-competenza: saper imparare continuamente, mantenendo una mentalità di crescita aperta e critica.

In questo scenario, la mindfulness funge da base per sviluppare un'attenzione sostenuta, una maggiore intelligenza emotiva e la capacità di gestire in modo sano situazioni di cambiamento continuo. Come vedremo, alcune aziende stanno integrando queste pratiche nei loro programmi di formazione, per favorire la resilienza e la coesione tra i team. Tradizionalmente, la mindfulness è stata associata alla riduzione dello stress (come emerso dalle ricerche di Jon Kabat-Zinn negli anni '70 e '80). Solo negli ultimi due decenni — in particolare con il lavoro di pionieri come Daniel Goleman e con il programma "Search Inside Yourself" di Google — le organizzazioni hanno iniziato a comprenderne il potenziale sul piano della performance, della leadership e della collaborazione.

Oggi, molte imprese introducono sessioni di meditazione e corsi di "consapevolezza" per i dipendenti, registrando un miglioramento del clima organizzativo e della produttività. In uno studio condotto presso la Harvard Business School (2019), si evidenzia che i dipendenti che partecipavano a un programma di mindfulness di 8 settimane (30 minuti di pratica al giorno) miglioravano in media del 12% le capacità di concentrazione e del 10% la soddisfazione lavorativa, con una riduzione del 18% dei sintomi di burnout.

Un aspetto spesso trascurato è il potere della mindfulness nel promuovere l'inclusione. Praticare la presenza mentale incoraggia un ascolto empatico, la sospensione del giudizio e la diminuzione dei pregiudizi inconsci, elementi chiave per creare un ambiente di lavoro che valorizzi la diversità. È ciò che sottolinea la sociologa Ruha Benjamin (in "Race After Technology", 2019), evidenziando come un approccio consapevole e riflessivo possa prevenire la riproduzione di bias — non solo nei sistemi algoritmici, ma anche nelle dinamiche tra colleghi.

In un orizzonte in cui l'IA automatizza molte procedure, l'essere umano si trova a "parlare" sempre più spesso con algoritmi. Basta pensare ai software di reclutamento che filtrano i CV, alle chatbots che forniscono assistenza ai clienti o ai sistemi di raccomandazione che ci suggeriscono decisioni operative. Qui, la mindfulness offre l'opportunità di interpretare tale dialogo non come una minaccia, ma come una forma di co-evoluzione.

Se seguiamo la prospettiva di Bruno Latour (Actor-Network Theory), le tecnologie non sono entità neutre: sono parte di reti sociotecniche che forgiano pratiche, valori e significati. Applicando la mindfulness, il professionista sviluppa la capacità di "vedere" non solo i risultati di un sistema di IA, ma anche le logiche e i possibili bias sottostanti, esercitando un pensiero critico. Così facendo, l'IA diventa uno strumento di empowerment — un mezzo per espandere la sfera decisionale dell'individuo o del team, anziché ridurla.

Al di là dei dati e dell'efficienza, la sfida per molti lavoratori è ritrovare un senso in ciò che fanno. La mindfulness, con la sua radice filosofica che rimanda a pratiche meditative secolari, invita a interrogarsi sui valori e sulle motivazioni profonde. In un contesto in cui i processi operativi diventano sempre più automatizzati, riscoprire il "perché" del proprio lavoro può essere la chiave per evitare fenomeni di alienazione.

Uno studio del "Stanford Center for Compassion and Altruism Research and Education" (2020) rileva che i lavoratori che praticano almeno 10 minuti di consapevolezza al giorno sviluppano una visione più ampia del proprio ruolo e tendono a percepire meno distacco emotivo dalle mansioni ripetitive. Ciò suggerisce che la mindfulness può favorire una maggiore qualità etica e spirituale del lavoro stesso.

Chi lavora in un contesto ibrido o remoto sa quanto sia difficile difendersi dal sovraccarico digitale. Le email, le chat interne, le piattaforme di project management e i gruppi social professionali possono generare un flusso ininterrotto di comunicazioni. Una ricerca dell'Università della California, Irvine (2021) ha rilevato che un knowledge worker medio cambia "task" o finestra di lavoro ogni 3 minuti e 52 secondi, impiegando poi oltre 20 minuti per tornare allo stato di concentrazione pre-interruzione.

Qui, la mindfulness gioca un ruolo essenziale: allenare la capacità di auto-osservazione prima di reagire a un "ping" o a un'icona lampeggiante permette di contenere l'istinto di rispondere immediatamente a tutto. Alcune aziende hanno introdotto "finestre temporali di silenzio digitale" (ad esempio, 2 ore al mattino e 2 al pomeriggio senza notifiche), osservando un aumento della produttività del 18% e una riduzione del turnover del personale del 12% (dati CIPD – Chartered Institute of Personnel and Development, 2022).

Se l'IA cambia rapidamente gli scenari professionali, la vera opportunità sta nella formazione continua. Le imprese più lungimiranti non si limitano a fornire corsi tecnici su data analytics o machine learning, ma affiancano moduli su gestione dello stress, intelligenza emotiva e mindfulness. Dati dell'Association for Talent Development (ATD, 2021) mostrano che i programmi di training integrati (skill tecniche + soft skill mindful) portano a un incremento fino al 31% di employee engagement.

Ciò conferma che la crescita professionale non si misura solo in competenze "hard", ma anche nella capacità di adattamento psico-emotivo a situazioni in costante evoluzione. Tra l'altro, acquisire queste capacità facilita la riconversione professionale quando i ruoli cambiano o emergono nuovi settori.

La (ipotetica) azienda ZenDesk, specializzata in soluzioni software per il customer care, ha deciso di introdurre un Mindful AI Program all'interno dei propri reparti di sviluppo e di assistenza al cliente. L'idea era duplice:

1. Creare algoritmi "etici", facendo in modo che i data scientist si confrontassero non solo sui risultati di precisione, ma anche sulle implicazioni di bias e trasparenza.

2. Promuovere la mindfulness tra i dipendenti, con sessioni settimanali di meditazione, strumenti di self-assessment e policy che incentivano pause mindful durante l'orario di lavoro.

I risultati, misurati dopo un anno, sono stati sorprendenti: un calo del 25% dei tempi di risoluzione dei ticket di assistenza (in parte grazie all'IA), ma anche un netto miglioramento della coesione del team e un abbassamento dei tassi di assenteismo del 14%. "Non abbiamo magia, abbiamo metodo e un po' di coraggio nel fermarci a pensare", dichiara la responsabile HR, sottolineando come l'aspetto mindfulness abbia spinto i dipendenti a dialogare in modo più empatico e a confrontarsi con l'IA in maniera collaborativa, anziché sentirla come una minaccia.

Alcune aziende, in particolare nel settore IT, organizzano veri e propri "ritiri aziendali" (weekend o brevi workshop) in cui i team sperimentano pratiche di meditazione guidata, silenzio e attività creative (disegno, scrittura, confronto libero). L'obiettivo è staccare dai ritmi frenetici e lasciare spazio a idee innovative sulle applicazioni di IA o sull'ottimizzazione dei processi interni.

In questi retreat, la mindfulness diventa non solo uno strumento di riduzione dello stress, ma un catalizzatore di creatività. Secondo un'indagine della Stanford Graduate School of Business (2022), i gruppi che combinano co-design e mindfulness mostrano un 20% in più di output innovativi, intesi come idee brevettabili o soluzioni adottate in azienda nel corso dell'anno successivo.

Se da un lato la diffusione della mindfulness e dell'IA in azienda apre prospettive entusiasmanti, non mancano tentativi di instrumentalizzare tali pratiche a fini di "brand washing" o controllo occulto dei dipendenti. Esistono casi in cui le aziende inseriscono corsi di meditazione solo per incrementare i ritmi produttivi, senza rivedere le condizioni di lavoro o la cultura del "sempre online".
La filosofa e sociologa Sherry Turkle (nel suo libro "Reclaiming Conversation", 2015) avverte che la mindfulness non può essere ridotta a una "tecnica di iper-efficienza", pena lo svuotamento del suo senso più profondo: la scoperta di sé, la valorizzazione della relazione e la promozione dell'umanità nell'ambiente di lavoro. Un'IA usata per massimizzare i profitti a discapito dei lavoratori non diventa più "etica" solo perché si abbinano meditazioni di gruppo. Ecco perché è cruciale una vera governance dei processi di IA, in cui la mindful culture coinvolga i livelli decisionali e incoraggi la trasparenza nei modelli algoritmici.
Sul fronte pratico, molte aziende iniziano a dotarsi di codici etici e team dedicati all'AI Ethics, capaci di valutare l'impatto delle soluzioni tecnologiche proposte. Le pratiche di mindfulness, in questo senso, possono favorire una maggiore lucidità nell'individuare rischi di violazione della privacy o di discriminazione, spingendo i professionisti a chiedersi: "Questa soluzione è giusta per gli utenti e per la società? Come possiamo renderla più trasparente?".

È il caso di colossi come Microsoft, che già dal 2018 ha costituito un comitato interno, l'AI and Ethics in Engineering and Research (AETHER), per analizzare l'impatto sociale dei progetti IA. Integrare momenti di "riflessione consapevole" nelle riunioni e nei processi di valutazione strategica potrebbe essere un ulteriore passo per garantire che l'innovazione tecnologica si sposi con il benessere delle persone.

Siamo di fronte a una svolta epocale: l'IA ha già trasformato il lavoro e lo farà ancora più radicalmente nei prossimi anni, mentre la mindfulness si propone come via per restituire centralità all'umano, non come entità separata, ma come agente attivo in un ecosistema socio-tecnologico. In questa prospettiva:

- Essere mindful non significa isolarsi dal progresso, bensì scegliere di interagire con l'IA e con le nuove dinamiche lavorative in modo critico, empatico e creativo.
- Le aziende che comprendono tale sinergia e la promuovono con coerenza (formazione, policy di disconnessione, spazi di meditazione, governance etica) possono guadagnare in reputazione, innovazione e retention dei talenti.
- I lavoratori — manager, sviluppatori, operatori di customer service, HR specialist — acquisiscono nuove possibilità di autorealizzazione, imparando a "mettere in pausa" l'automatismo digitale e a trasformare la propria attenzione in una risorsa strategica, ma anche esistenziale.

Se sei un professionista, un imprenditore o uno studente, prova a introdurre piccoli momenti di mindfulness nelle tue giornate di lavoro. Potresti sorprenderti scoprendo che, in uno scenario ipertecnologico, quello spazio di silenzio mentale è la porta d'accesso a idee nuove, a soluzioni più brillanti e a interazioni più profonde con i colleghi.

Nei prossimi capitoli, approfondiremo ulteriormente il nesso tra mindfulness e relazioni umane, esplorando come l'IA incida anche sulla sfera emotiva e comunicativa al di fuori del contesto professionale. Perché, alla fine, la "rivoluzione gentile" di cui abbiamo parlato — l'idea di un'IA non oppressiva, ma abilitante — coinvolge ogni aspetto della nostra esperienza collettiva, dal lavoro alla vita familiare, dalla politica ai modelli educativi. La sfida è grande, ma è anche un invito a costruire un futuro in cui tecnologia e consapevolezza si sostengano a vicenda, anziché escludersi.

CAPITOLO 5

Le relazioni umane rappresentano il cuore della nostra esperienza di vita; tuttavia, l'avvento dell'Intelligenza Artificiale e delle tecnologie digitali sta trasformando in profondità il nostro modo di conoscere, comunicare e legarci agli altri. Se prima l'intermediazione tecnologica si limitava a strumenti come il telefono, le e-mail o i primi social network, oggi gli algoritmi giocano un ruolo ben più sofisticato: non soltanto veicolano i messaggi, ma filtrano, interpretano e predicono gusti, relazioni e preferenze. Questo capitolo approfondisce come l'IA e la mindfulness, uniti, possano accompagnarci a sviluppare una forma di comunicazione più sana, empatica e intenzionale, evitando i rischi di manipolazione o di appiattimento relazionale.

Di seguito, vedremo come l'IA agisce da "regista invisibile" nelle nostre interazioni; come la comunicazione mindful possa migliorare la qualità dei nostri rapporti digitali; in che modo l'intelligenza artificiale influenza la costruzione dell'identità personale; quali sono le implicazioni di questa trasformazione in ambito familiare; e infine affronteremo alcune questioni etiche e filosofiche, per concludere con una visione di futuro più consapevole.

Nel corso del Novecento, le innovazioni tecnologiche hanno progressivamente accorciato le distanze fra le persone: il telefono ha facilitato le chiamate dirette, le lettere elettroniche hanno annullato i ritardi postali, e i primi social network hanno aperto nuovi spazi di aggregazione virtuale. Tuttavia, la vera discontinuità si manifesta oggi, con la diffusione di algoritmi predittivi che non si limitano a trasferire il contenuto, ma entrano in gioco come attori che scelgono per noi quali post, persone ed eventi farci vedere.

- **Esempio narrativo:** Giulia, 28 anni, appassionata di cucina vegana, inizia a seguire un gruppo di ricette salutari su un social network. Nel giro di poche settimane, il suo feed si trasforma: le vengono mostrati sempre più contenuti "green", eventi ecologisti e persino possibili amicizie con lo stesso interesse. All'inizio Giulia è entusiasta, perché trova suggerimenti pertinenti e di qualità. Ma col passare del tempo realizza che non visualizza più post su argomenti che prima seguiva con interesse, come l'arte contemporanea o la letteratura. L'algoritmo ha "dedotto" che Giulia è più propensa a temi "eco-friendly" e ha tagliato fuori il resto, creando di fatto una "bolla" di contenuti iperspecializzati.

Questo fenomeno testimonia come l'IA sia diventata una sorta di "regista invisibile" delle nostre interazioni sociali. Se da un lato l'algoritmo ci aiuta a scoprire cose nuove, dall'altro riduce la varietà informativa e relazionale, spingendoci verso un consolidamento delle preferenze già note.

Il termine filter bubble è stato coniato da Eli Pariser (2011) per descrivere come gli algoritmi di raccomandazione costruiscano un ambiente personalizzato, mostrandoci prevalentemente contenuti che confermano le nostre opinioni e i nostri gusti. In ambito relazionale, ciò ha diverse conseguenze:
1. Rinforzo di amicizie "gemelle": l'IA individua e rafforza legami tra persone con gusti e idee simili, impedendo di fatto il confronto con opinioni divergenti.
2. Marginalizzazione del dissenso: chi la pensa in modo diverso rischia di non apparire mai nel nostro feed, alimentando un clima di polarizzazione e incomprensione reciproca.

3. Riduzione della capacità empatica: se siamo abituati a vedere solo contenuti affini, diventa più difficile immaginare punti di vista "altri".

In questo senso, l'IA agisce come "terzo attore algoritmico": non partecipa alla conversazione in prima persona, ma orienta chi può farne parte. Applicando logiche di correlazione statistica, finisce per "standardizzare" i nostri rapporti, riducendo la ricchezza dell'esplorazione libera. Ne sono un esempio le app di dating, in cui il matching si basa su storici di like e preferenze, tendendo a escludere persone considerate "poco coerenti" con il nostro profilo. Eppure, quante relazioni straordinarie nascono proprio dall'incontro imprevisto tra mondi diversi?

La mindfulness, intesa come pratica di presenza mentale, può essere applicata non solo alla gestione dello stress o alle attività meditative, ma anche — e soprattutto — alla comunicazione. Si parla in questo caso di mindful communication, un approccio che punta a rendere le nostre interazioni (online e offline) più autentiche e meno reattive.

I cardini di tale approccio sono:

- Ascolto attivo e non giudicante: dedicare attenzione piena alle parole dell'altro, senza pianificare la nostra risposta mentre lui/lei parla. Nel mondo digitale, significa evitare di "saltare alle conclusioni" e leggere con calma un post o un messaggio prima di replicare.
- Auto-osservazione emotiva: monitorare le sensazioni che sorgono mentre interagiamo: rabbia, noia, ansia, entusiasmo. Questo passaggio è cruciale per evitare risposte impulsive.
- Pausa riflessiva: prima di cliccare "invia" o "pubblica", ci prendiamo un attimo per chiederci: "Sto reagendo in modo equilibrato o sto agendo sotto l'influsso di un'emozione forte?". Un semplice respiro profondo può fare la differenza.

- Responsabilità: comprendere che le parole (anche quelle scritte) hanno un impatto reale sugli altri. Ogni contenuto digitale, una volta condiviso, può rimanere in rete per molto tempo, modificando la percezione che le persone hanno di noi e del mondo.

L'ambiente digitale, che ci priva di segnali non verbali (sguardo, tono di voce, vicinanza fisica), può facilitare malintesi e aggressività. Hate speech, flame wars e troll sono all'ordine del giorno in molti forum e social network. Applicare la mindful communication significa:

1. Osservare la propria impulsività: quando un commento ci ferisce o ci irrita, notare la sensazione di calore o tensione nel corpo e, anziché reagire subito, lasciar passare qualche secondo.

2. Riformulare: invece di rispondere con insulti o sarcasmo, chiedere chiarimenti, cercando di capire se abbiamo interpretato correttamente le parole dell'altro. Una semplice frase come "Potresti spiegarmi meglio cosa intendi?" può placare un clima incendiario.

3. Scegliere di non agire: a volte, la migliore comunicazione è l'assenza di comunicazione: astenersi dal replicare, lasciando che le polemiche si spengano da sole.

Una ricerca pubblicata su *Computers in Human Behavior* (Elsevier, 2019) ha mostrato che gruppi social con regole ispirate alla mindful communication (ad esempio, una "pausa di riflessione" di un minuto prima di postare, o la proibizione esplicita di insulti e attacchi personali) hanno visto diminuire del 33% la presenza di contenuti tossici. Ciò dimostra che il cambiamento culturale può partire anche da piccole modifiche alle regole del gioco, stimolate da una visione più consapevole di ciò che diciamo e facciamo online.

I social network non riguardano soltanto la comunicazione con gli altri, ma anche la presentazione di noi stessi. Le piattaforme basate su IA, dalle "stories" con filtri estetici fino agli algoritmi che suggeriscono chi seguire o come "branding di sé", influenzano il modo in cui costruiamo la nostra identità. Spesso, i contenuti che vediamo (o non vediamo) e gli strumenti di personalizzazione (avatar, filtri, emoji) ci incentivano a creare una versione di noi socialmente desiderabile, magari diversa da quella che mostriamo nella vita offline.

- Esempio di riflessione: Carlo, 35 anni, sperimenta maggiore autenticità nel suo avatar di un mondo virtuale di gaming rispetto a come si comporta con amici o colleghi. Sostiene che lì si senta libero di esprimere inclinazioni più profonde. Al contempo, riconosce una scarsa capacità di trasferire quel coraggio identitario nelle relazioni "faccia a faccia". L'IA, in quest'ottica, diventa una "protesi" che amplifica alcuni aspetti della nostra personalità, lasciandone in ombra altri.

Il rischio, tuttavia, è perdere la connessione con ciò che siamo davvero, inseguendo una performance continua di bellezza o successo che l'algoritmo "premia" con like, followers e interazioni. In questo senso, le piattaforme digitali possono accentuare fenomeni di ansia da prestazione o dipendenza dall'approvazione esterna.

La mindfulness invita a rallentare e a porci domande che spesso trascuriamo:

- Perché sto usando questo filtro?
- In che misura pubblicare questo contenuto rispecchia i miei valori?
- Mi sto aggrappando ai like come fonte di autostima?

Questo processo di autoindagine può essere, inizialmente, scomodo: doversi confrontare con le dissonanze tra la nostra vita online e offline può generare imbarazzo o tristezza. Al tempo stesso, riconoscere tali dissonanze è il primo passo per riconquistare una coerenza che ci fa sentire più autentici e meno in balia dei giudizi esterni.

Un'indagine dell'Università di Bath (Regno Unito, 2021) ha rilevato che persone che praticano regolarmente 20 minuti di meditazione mindfulness per almeno 6 settimane mostrano una maggiore sovrapposizione tra l'immagine di sé che proiettano online e quella percepita nella vita di tutti i giorni. Questo suggerisce che lavorare sulla consapevolezza interiore riduce il bisogno di maschere digitali, favorendo una espressione di sé più serena e coerente.

Se nei paragrafi precedenti abbiamo visto l'impatto dell'IA soprattutto sui social e sulle dinamiche identitarie, esiste un altro fronte in cui questa rivoluzione è palpabile: la dimensione domestica. Assistenti virtuali come Alexa, Siri o Google Assistant, termostati intelligenti, luci smart e telecamere con riconoscimento facciale cambiano non solo il modo di gestire la casa, ma anche le relazioni fra i suoi abitanti.

- **Esempio:** Elena e Roberto, genitori di un bimbo di 3 anni, hanno adottato un sistema domotico per regolare la temperatura in base alle previsioni meteo e alle loro abitudini di rientro. "È stato bellissimo all'inizio", racconta Roberto, "perché non dovevamo più ricordarci di accendere o spegnere nulla. Ma poi la casa è diventata così 'intelligente' da sembrarci rigida: se volevamo stravolgere la routine, venivamo 'contraddetti' da luci che si spegnevano da sole o dalla musica che partiva a orari fissi."

Per rompere questa "monotonia programmata", la coppia ha deciso di riprendersi parte del controllo: hanno introdotto momenti di "assistente in muto" per consentire a se stessi e al figlio di interagire in modo spontaneo, non dettato da orari imposti dalla tecnologia. Questa strategia, unita ad alcuni esercizi di presenza (respirazione assieme prima di cena, domande aperte su come ognuno sta vivendo la giornata), ha rafforzato il dialogo familiare.

Bambini e adolescenti crescono in un universo di dispositivi connessi e piattaforme algoritmiche — dai cartoni di YouTube Kids ai videogiochi online. La sfida dei genitori o di chi si occupa di educazione è trovare un equilibrio tra sfruttare le potenzialità di queste tecnologie (in termini di informazione e intrattenimento) e salvaguardare lo sviluppo di capacità fondamentali, come lo spirito critico o la fantasia. Il concetto di "mindful family tech" fa riferimento a regole e pratiche che orientano l'uso dei device in modo consapevole:

- Zone off-limits: stabilire orari (ad esempio, niente smartphone a tavola) o stanze (la camera dei bambini) liberi dall'invasione digitale.
- Coinvolgimento: guardare insieme ciò che l'IA suggerisce (film, cartoni, tutorial) e parlarne con i più piccoli, chiedendo loro un parere o proponendo riflessioni.
- Scelta condivisa: quando i figli vogliono installare una nuova app o un videogioco, valutare insieme pregi, difetti, costi e possibili rischi (privacy, contenuti violenti, ecc.).

Un rapporto del Family Online Safety Institute (FOSI, 2020) evidenzia che le famiglie che adottano regole mindful riducono del 28% i conflitti legati all'uso dei dispositivi e aumentano del 15% i momenti di condivisione significativa. Ciò dimostra che la tecnologia in casa può essere alleata e non solo "ladra" di tempo, a patto che venga gestita con un approccio intenzionale, basato sul dialogo e sui valori condivisi.

Quando parliamo di relazioni e IA, non possiamo trascurare il dietro le quinte: chi possiede e gestisce i dati relativi alle nostre interazioni, i nostri contatti, perfino le nostre emozioni catturate da un messaggio o da una foto? Le grandi aziende digitali (social network, piattaforme di e-commerce, app di incontri) raccolgono informazioni su di noi, le analizzano e spesso le rivendono a scopi pubblicitari. Questo solleva questioni etiche profonde: fino a che punto siamo liberi di decidere se un algoritmo ci suggerisce determinate persone o eventi per un nostro reale interesse, o perché ha un tornaconto commerciale?

- Rischio di manipolazione: nelle app di dating, ad esempio, è possibile immaginare che l'algoritmo favorisca contatti a pagamento con utenti premium, spingendo a un abbonamento; sui social, contenuti che generano più engagement (spesso emotivo e divisivo) vengono privilegiati, a scapito di post più neutri o informativi.

- Libero arbitrio: la mindfulness, con il suo invito a "osservare senza giudizio", ci sprona a chiederci se stiamo seguendo un suggerimento per scelta ponderata o perché siamo stati condizionati in modo subdolo. Riconoscere il meccanismo ci restituisce un margine di libertà, consentendoci di dire "no" a certe spinte.

Nell'immaginario comune, la mindfulness è vista come un percorso individuale di introspezione. E se invece la considerassimo un movimento collettivo in grado di ispirare politiche e norme più etiche nel campo dell'IA? Alcune città, come Barcellona o Amsterdam, stanno sperimentando piattaforme civiche in cui i cittadini partecipano alla governance degli algoritmi, stabilendo criteri di trasparenza e controllo dei dati.

Tali iniziative nascono dall'idea che la tecnologia sia un fatto sociale (Bruno Latour, 2005): gli oggetti e gli algoritmi non sono neutri, ma vanno "civilizzati" tramite regole condivise e consapevolezza. Se la mindfulness può cambiare il nostro rapporto personale con lo smartphone, può anche spingere a costruire reti e comunità che pongano al centro la responsabilità, la trasparenza e il rispetto della privacy.

Lo scenario che si delinea è quello di una "rivoluzione gentile": una tecnologia che non venga subita passivamente, ma integrata con la nostra umanità. Invece di affidarci all'IA come sostituto dell'iniziativa e dell'empatia, potremmo usarla per ampliare le opportunità di incontro e confronto, rimanendo però al timone delle nostre relazioni. Se riusciamo a mantenere la pratica della consapevolezza come bussola, la rete di domani diventa uno spazio di scambio profondo, dove l'attenzione è rivolta non tanto alle reazioni impulsive, ma all'ascolto, alla fiducia e alla costruzione di legami autentici.

CAPITOLO 6

Nel percorso che abbiamo seguito finora, abbiamo esplorato gli impatti dell'Intelligenza Artificiale (IA) su lavoro, relazioni, identità personale e dinamiche familiari, mettendo in luce come la mindfulness possa trasformarsi in una bussola utile per orientarsi in un ambiente tecnologico sempre più complesso. Tuttavia, non possiamo limitarci alla sfera individuale: le questioni di governance etica e politica dell'IA riguardano l'assetto stesso delle nostre società, i rapporti di potere, la definizione dei diritti digitali e i processi decisionali che plasmano il futuro.

In questo sesto capitolo, affronteremo il tema della governance etica dell'IA da una prospettiva mindful, socio-culturale e socio-politica, sviscerando:

1. Come l'IA abbia accelerato la necessità di regole e politiche nuove, dal livello locale a quello globale.
2. I principali approcci e linee guida che governi e istituzioni internazionali stanno cercando di implementare, e perché potrebbero non bastare senza una cultura condivisa di trasparenza e responsabilità.
3. L'importanza di un dibattito pubblico informato e di un processo decisionale partecipato, che tenga conto dei valori e delle diversità socio-culturali.
4. I possibili contributi della mindfulness per promuovere decisioni meno reattive e più lungimiranti nel campo della regolamentazione dell'IA.

Uno dei motivi principali per cui la governance dell'IA è tanto complessa sta nel carattere transnazionale della tecnologia. Le piattaforme e le soluzioni di intelligenza artificiale:

- Raccolgono dati da utenti di tutto il pianeta.
- Operano su server sparsi in diverse giurisdizioni.

- Influiscono su mercati e sistemi sociali lontani dal Paese in cui l'algoritmo viene sviluppato.

Ne deriva che nessun singolo governo può "controllare" da solo l'evoluzione dell'IA. Negli ultimi anni, si è parlato spesso di "Far West Digitale" per descrivere l'assenza (o la scarsa efficacia) di norme condivise. Le aziende globali e i colossi tecnologici, grazie a una potenza economica impressionante, si trovano in una posizione di vantaggio, mentre i legislatori rincorrono le innovazioni cercando di regolare ex post pratiche che sfuggono ai modelli giuridici tradizionali.

Per molti osservatori (Harari, 2018; Noble, 2018), la velocità di sviluppo dell'IA impone un cambio di paradigma: non basta aggiustare le leggi esistenti, serve una visione che includa gli impatti culturali e valoriali. Qui entra in gioco la mindfulness, non soltanto come pratica individuale, ma come "mentalità" in grado di ispirare maggiore lucidità, empatia e profondità nel processo decisionale. In una governance mindful:

- Si promuove la partecipazione consapevole dei cittadini, evitando che la normativa sia scritta solo da esperti tecnici o stakeholder con interessi particolari.
- Si coltiva l'ascolto delle minoranze e dei gruppi vulnerabili (chi subisce spesso il digital divide), per disegnare politiche inclusive.
- Ci si concede pause riflessive prima di introdurre regolamentazioni troppo rigide o, al contrario, troppo permissive, riflettendo sull'impatto a medio-lungo termine delle decisioni prese.

Nel tentativo di definire un quadro etico condiviso, diverse istituzioni internazionali hanno elaborato princìpi e linee guida:

- OCSE (Organizzazione per la Cooperazione e lo Sviluppo Economico): nel 2019 ha adottato i "Principi dell'IA" che promuovono un uso responsabile e orientato al benessere umano, sottolineando valori come equità, trasparenza, robustezza e accountability.

- Commissione Europea: ha pubblicato nel 2019 le "Linee Guida Etiche per un'IA affidabile", concentrandosi su aspetti quali la spiegabilità degli algoritmi, l'assenza di discriminazioni, la sicurezza e il controllo umano. Queste linee guida hanno influenzato la proposta di regolamento sull'Intelligenza Artificiale (nota come "Artificial Intelligence Act"), ancora in fase di discussione.
- Nazioni Unite (UNESCO): nel 2021 l'UNESCO ha adottato un "Consiglio Etico sull'IA" che promuove principi come la dignità umana, la solidarietà e la protezione dell'ambiente nelle applicazioni di IA.

Pur apprezzabili, queste iniziative sollevano interrogativi su come tali princìpi possano tradursi in pratica quotidiana. Senza un approccio mindful, il rischio è che restino astratti e che le aziende possano "dichiarare" adesione senza reali cambiamenti (ethics washing).

Le linee guida internazionali solitamente lasciano spazi di autoregolamentazione alle imprese, con codici etici interni e "comitati di revisione etica". Aziende come Google, Microsoft, IBM hanno creato team dedicati alla "responsible AI" e all'AI Ethics. Tuttavia:

1. Conflitti di interesse: quando l'obiettivo di profitto incontra l'etica, le priorità possono scontrarsi (ad esempio, la pressione di mercato per rilasciare velocemente un prodotto può prevalere su un'analisi etica approfondita).

2. Scarsa trasparenza: molte iniziative di AI ethics non sono obbligate a divulgare metodologie e risultati, rendendo difficile la valutazione esterna della coerenza tra princìpi e prassi.

3. Approccio superficiale: rischi di ethics washing, dove i codici etici sono più una strategia di PR che un reale impegno.

Da qui, l'esigenza di un monitoraggio pubblico e di un coinvolgimento più strutturato delle comunità, nonché di un ancoraggio a pratiche mindful che favoriscano la trasparenza e la valutazione critica.

L'IA può diventare un "motore di prosperità", ma rischia di esacerbare disuguaglianze esistenti se non vengono presi provvedimenti. Esempi:

- Bias algoritmici: se i dati di addestramento sono squilibrati (ad esempio, poveri di esempi di donne, minoranze, paesi in via di sviluppo), l'IA perpetua e amplifica discriminazioni nei settori del credito, del lavoro, dei servizi pubblici. (Noble, 2018)
- Concentrazione di potere: poche Big Tech con sede in specifiche aree geografiche accumulano dati e capitali, riducendo la competitività di aziende più piccole o di paesi con minori risorse.
- Digital divide: zone rurali o fasce di popolazione con bassa alfabetizzazione digitale rimangono escluse dai benefici dell'IA, consolidando i divari socio-economici.

Una governance mindful dovrebbe mettere al centro la questione dell'equità: audit algoritmici indipendenti, politiche di redistribuzione delle opportunità di formazione e sostegno ai paesi meno avanzati, incentivi alla diversità di dataset e di team di sviluppo.

Alcune voci (Floridi, 2020; Morozov, 2018) propongono di vedere l'IA e i dati come un bene comune, di cui tutti siamo co-proprietari e responsabili. Se la mindfulness ci aiuta a coltivare l'attenzione al bene collettivo e non solo all'interesse individuale, la sfida politica è costruire istituzioni che tutelino questo "bene comune digitale". Ciò implica, ad esempio:

- Modelli di governance partecipativa, dove cittadini, associazioni e stakeholder diversi collaborano all'uso di IA per scopi sociali (sanità, educazione, ambiente).
- Norme che impongano la trasparenza degli algoritmi utilizzati nella sfera pubblica (ad esempio, quando un sistema di IA decide l'accesso a servizi sociali).
- La valorizzazione di forme di cooperazione transnazionale (es. reti di città mindful tech) che evitino la frammentazione in "zone digitali" con standard troppo diversi.

L'Unione Europea si è posta come apripista nella regolamentazione dei dati (il famoso GDPR, Regolamento Generale sulla Protezione dei Dati, in vigore dal 2018) e sta ora discutendo l'AI Act, un regolamento che classifica i sistemi di IA per livelli di rischio (minimo, limitato, alto, inaccettabile) e stabilisce obblighi crescenti di trasparenza, monitoraggio e sicurezza per le applicazioni ad alto rischio (ad esempio, riconoscimento facciale in luoghi pubblici).

- Punti di forza: la definizione di standard comuni su privacy e IA, un modello di ispirazione per altri blocchi geopolitici, e un approccio "risk-based" che offre flessibilità.
- Critiche: alcuni ritengono che le norme siano troppo restrittive, rallentando l'innovazione europea; altri, invece, le considerano ancora insufficienti a prevenire abusi e discriminazioni occulte.

In alcuni Paesi membri, come Spagna e Paesi Bassi, si stanno sperimentando piattaforme civiche in cui i cittadini possono partecipare ai processi di valutazione algoritmica, in linea con una visione mindful di governance collettiva.

Stati Uniti e Cina restano i due principali poli in termini di investimenti e sviluppo di IA. Gli Stati Uniti tendono a favorire l'autoregolamentazione, con meno vincoli federali (anche se alcune agenzie come la FTC cominciano a prendere posizione), mentre la Cina ha approvato leggi che rafforzano il controllo statale e la sorveglianza digitale, con implicazioni delicate per i diritti umani.

- Differenze culturali e socio-politiche: la mentalità "business-driven" americana e il modello "statalista" cinese rappresentano due estremi, lasciando all'Europa e ad altri Paesi la ricerca di un equilibrio tra tutela delle libertà e crescita tecnologica.
- Spazio per la mindfulness?: in contesti molto competitivi e segnati dalla geopolitica, la mindfulness potrebbe sembrare marginale. Eppure, un approccio che promuove la riflessione, la trasparenza e la collaborazione internazionale potrebbe rendere la governance meno "reattiva" e più aperta a soluzioni di compromesso benefiche per i cittadini.

Una delle sfide centrali nella governance dell'IA è la mancanza di trasparenza sugli algoritmi, soprattutto quando si tratta di modelli di deep learning. Spesso, nemmeno i creatori sanno spiegare in modo semplice perché l'algoritmo ha emesso un certo giudizio. Tale "black box" indebolisce la fiducia dei cittadini e, in casi critici (come l'assegnazione di un prestito bancario o di un posto di lavoro), mina la legittimità delle decisioni.

Spiegabilità (Explainable AI) e accountability (chi è responsabile degli errori dell'IA?) diventano quindi requisiti fondamentali per un'IA etica. Ma come fare, tecnicamente, a rendere un modello complesso interpretabile senza rallentarne le performance?

Un filone emergente, definito *Mindful eXplainable AI*, propone di coinvolgere team multidisciplinari (ingegneri, psicologi, filosofi, utenti finali) nella fase di sviluppo, per coprogettare interfacce che mostrino in modo chiaro e intuitivo la logica dietro i consigli o le decisioni dell'IA. Ciò richiede:

- Dialogo continuo tra esperti e non esperti, riducendo il distacco linguistico.
- Integrazione di momenti di "pausa progettuale" in cui verificare se l'algoritmo sta producendo risultati coerenti con i valori dichiarati.
- Formazione degli utenti per capire i limiti di un sistema di IA e l'eventuale tasso di errore.

Se la mindfulness aiuta a mantenere uno sguardo critico e non dogmatico, unita alla ricerca ingegneristica potrebbe favorire una generazione di IA più trasparente e collaborativa, riportando la fiducia e la comprensione al centro del rapporto uomo-macchina.

Oltre alle grandi istituzioni (UE, ONU, governi nazionali), le città e le comunità locali possono giocare un ruolo cruciale nel regolare e sperimentare l'IA in maniera più vicina ai cittadini. Si parla di "Smart City" come luogo di integrazione di sensori e analisi dati per migliorare trasporti, ambiente, sicurezza. Tuttavia, se la popolazione non è coinvolta, il rischio è di creare un sistema top-down, in cui i cittadini diventano oggetti di monitoraggio anziché soggetti attivi.

In alcune città europee (Barcellona, Amsterdam) e americane, si testano piattaforme open source per coinvolgere la popolazione in processi di co-decisione, definendo priorità, regole di utilizzo dei dati e meccanismi di rendicontazione pubblica. Un approccio mindful a queste sperimentazioni incoraggia:

- L'ascolto delle esigenze reali degli abitanti.
- La trasparenza sugli algoritmi che gestiscono il traffico, il consumo energetico o la sicurezza.

- La creazione di momenti di dibattito collettivo, in cui i cittadini possano riflettere su vantaggi e rischi dell'automazione urbana.

Alla luce di queste esperienze, alcuni studiosi e attivisti stanno proponendo un movimento "Mindful AI" su scala globale: l'idea è creare una rete di ricercatori, professionisti e cittadini che condividano pratiche di mindfulness e principi etici di IA, scambiando informazioni, linee guida e casi di successo. Questo movimento:

- Si ispira a un umanesimo tecnologico, dove la persona, la dignità e la relazione sociale stanno al centro.
- Promuove la responsabilità distribuita: non soltanto i governi, ma anche le imprese, le università, le ONG e gli utenti sono chiamati a vigilare e proporre soluzioni.
- Cerca di superare le barriere nazionali e linguistiche, valorizzando la diversità culturale come ricchezza per progettare algoritmi più inclusivi.

La città di Helsinki ha lanciato una dichiarazione di politica sull'IA e una piattaforma in cui i cittadini possono vedere quali progetti di IA sono in corso e quali dati vengono utilizzati. Vengono organizzati workshop periodici, in cui la popolazione è invitata a confrontarsi con i tecnici e ad avanzare richieste o suggerimenti. Questa trasparenza ha accresciuto la fiducia pubblica e ridotto le resistenze verso l'innovazione, dimostrando che una governance aperta e partecipata può funzionare anche in ambito urbano.

Alcuni istituti accademici (per esempio, la Stanford University con il suo "Center for Compassion and Altruism Research and Education", e alcune iniziative dell'Università di Edimburgo) hanno avviato laboratori di ricerca dedicati a Mindful AI. Questi progetti uniscono neuroscienze, scienze cognitive, filosofia e ingegneria, con l'obiettivo di formare futuri sviluppatori e decisori politici capaci di un approccio critico ed empatico. Si spera di diffondere questa mentalità anche in contesti aziendali e di governance.

Parlare di governance etica dell'IA significa navigare in un mare di interessi, poteri e culture diverse. La rapida evoluzione delle tecnologie intelligenti ci impone di trovare un equilibrio tra l'innovazione e la tutela di princìpi fondamentali quali la libertà, la privacy, l'equità e l'autonomia personale. In questo capitolo, abbiamo visto come:

1. Le istituzioni internazionali (UE, OCSE, UNESCO) e alcune nazionali stiano elaborando princìpi etici e proposte normative, ma servono coraggio e cooperazione per trasformarli in prassi efficaci.

2. I colossi tecnologici possono dichiararsi etici, ma senza un sistema di controllo e responsabilità condivisa, rischiano di cadere in forme di ethics washing.

3. Le disuguaglianze e i bias algoritmici sono una sfida urgente: senza audit indipendenti e politiche di inclusione, l'IA rischia di esacerbare le disparità socio-economiche.

4. Una governance mindful richiede momenti di pausa, ascolto, riflessione collettiva: non solo per esperti, ma anche per comunità locali, scuole, università, gruppi civici.

5. La dimensione partecipativa (città smart ma trasparenti, piattaforme di co-decisione, laboratori misti) potrebbe essere la chiave per una vera "rivoluzione gentile", dove l'IA è integrata con valori umani, ecologici, sociali.

In ogni caso, è evidente che per "civilizzare" l'IA e armonizzarla con i valori della mindfulness, occorre un impegno corale: governi, imprese, università, società civile, cittadini. Se vogliamo evitare il "Far West digitale" e costruire un futuro dove l'IA lavori con noi anziché su di noi, dobbiamo ampliare la partecipazione e la consapevolezza. Solo così la tecnologia potrà essere vista non come una forza invasiva, ma come un mezzo di emancipazione, in cui la nostra coscienza (individuale e collettiva) rimane al timone delle scelte fondamentali.

CAPITOLO 7

Nei capitoli precedenti abbiamo esplorato ambiti pratici dell'IA — dal lavoro alle relazioni, dalla famiglia alla governance etica. Ora è il momento di addentrarci in una dimensione più profonda, che tocca la filosofia, le tradizioni contemplative e persino le domande ultime sulla coscienza e il sé. Da una parte, abbiamo l'IA, con i suoi algoritmi e la capacità di elaborare enormi quantità di dati; dall'altra, un antico patrimonio di pratiche e riflessioni (buddhismo, stoicismo, misticismo) che ci interrogano su cosa significhi essere consapevoli, essere vivi e percepire il mondo in prima persona.

In questo settimo capitolo, cercheremo di rispondere — o almeno di gettare uno sguardo — a domande come: Che cos'è la coscienza? Può un'IA sviluppare una forma di consapevolezza? E, soprattutto, in che modo la mindfulness e il percorso personale di esplorazione interiore ci preparano a convivere con queste sfide filosofiche?

La domanda "Che cos'è la coscienza?" accompagna la storia del pensiero umano da secoli. I filosofi dell'antichità, come Platone e Aristotele, già si interrogavano sulla natura dell'anima e della percezione, mentre molte tradizioni contemplative — dal buddhismo al taoismo, fino allo stoicismo greco-romano — hanno sviluppato vie di indagine interiore per distinguere ciò che è mutevole (pensieri, sensazioni) da uno sfondo di presenza più stabile. In epoca moderna, la scienza cognitiva e le neuroscienze tentano di collocare la coscienza nel cervello, ma la definizione resta elusiva: è un semplice processo biologico emergente, o c'è un elemento "trans-fisico" difficile da ridurre alla materia?

- Teorie riduzioniste: alcuni scienziati (come Francis Crick) sostengono che la coscienza sia un "prodotto" del cervello, il risultato combinato di attività neurali complesse.

- Prospettive emergentiste (Chalmers, Tononi): la coscienza potrebbe essere una proprietà emergente e irriducibile, che scaturisce da certe organizzazioni di informazione, ma che non si riduce semplicemente all'interazione tra singoli neuroni.
- Spiritualità e contemplazione: tradizioni come il buddismo parlano di stati di coscienza non ordinari (samadhi, vipassana) che rivelerebbero la natura vuota del sé, mentre lo stoicismo si concentra sulla "parte razionale" come nucleo di auto-consapevolezza.

Da quando Alan Turing ha posto la domanda: "Le macchine possono pensare?" (1950), si è aperto un dibattito ricco di sfumature. Oggi, l'IA compie attività straordinarie — riconosce immagini, traduce lingue, batte campioni umani a scacchi o Go — ma ha coscienza di quello che fa? Molti scienziati ritengono che l'IA, per quanto sofisticata, non abbia un "punto di vista interiore"; altri ipotizzano che, con la giusta complessità, un sistema di IA potrebbe sviluppare sentienza.

- Posizione funzionalista: se il comportamento di un sistema appare cosciente e risponde come farebbe un essere consapevole, allora si può considerarlo "cosciente" in senso funzionale.
- Posizione dualista: esiste un aspetto soggettivo e qualitativo (qualia) impossibile da catturare attraverso semplici correlazioni computazionali.
- Approcci ibridi: la coscienza potrebbe essere un continuum, dove i sistemi biologici mostrano livelli di auto-riflessività diversi, e l'IA potrebbe eventualmente imitare alcuni aspetti di questa riflessività senza mai diventare "viva" nel senso umano.

Una delle intuizioni cardine del buddhismo è che il "sé" non sia una sostanza fissa, bensì un aggregato di processi (skandha) in costante flusso. La pratica di meditazione (mindfulness, vipassana) mira proprio a mostrare come l'io che percepiamo non sia un'entità autonoma, ma l'esito di sensazioni, emozioni, pensieri che sorgono e svaniscono. Se estendiamo questa visione all'IA, emerge un parallelismo intrigante: un sistema algoritmico "apprende" da un flusso di dati, senza un "nucleo" stabile. Ma questa somiglianza significa che l'IA è "consapevole"? Oppure confondiamo il concetto di "sé" con la pura elaborazione di stati?

- Illusione del sé: secondo il buddhismo, la maggiore fonte di sofferenza nasce dalla credenza in un io separato e permanente. Se l'IA, priva di identità stabile, può adattarsi senza "attaccamento" emotivo, possiamo dire che sia più "libera"? Oppure semplicemente priva di coscienza e quindi di sofferenza?

Lo stoicismo (Seneca, Epitteto, Marco Aurelio) attribuisce alla "ragione" la funzione di governare le passioni e di condurre una vita virtuosa. L'essere umano stoico osserva i propri impulsi con distacco e guida le azioni secondo principi di saggezza e rettitudine. In un'epoca di IA, la riflessione stoica solleva la questione della responsabilità: se l'algoritmo prende decisioni (ad esempio, seleziona candidati per un lavoro), chi è responsabile delle conseguenze? L'IA non possiede una ragione morale, ma segue schemi statistici.

- Parallelismo: lo stoicismo enfatizza la capacità di "non farsi travolgere" da pensieri e passioni, un po' come un sistema di IA ignora la dimensione emotiva. Ma lo stoico è pur sempre un essere cosciente, capace di intendere valori e finalità; l'IA obbedisce a funzioni obiettivo programmate da noi.

- Orizzonte etico: la prospettiva stoica ci ricorda che la responsabilità dell'uso (o abuso) dell'IA ricade su chi progetta e sfrutta la tecnologia. Non possiamo delegare alla macchina il compito di essere "virtuosa".

Una parte della comunità di ricerca, ispirata da teorie come la Integrated Information Theory (Giulio Tononi) o da correnti del funzionalismo, ritiene che la coscienza sia legata a un certo grado di integrazione dell'informazione. Se un sistema digitale raggiungesse livelli elevatissimi di complessità, potrebbe emergere uno stato cosciente. Tuttavia, manca il consenso su quali parametri quantitativi definiscano l'"esperienza soggettiva".

- Critiche: c'è chi argomenta (John Searle, ad esempio con l'esperimento della "Stanza Cinese") che l'IA può manipolare simboli senza avere alcuna comprensione "in prima persona" del loro significato. L'elaborazione di input-output, per quanto sofisticata, non si traduce necessariamente in uno stato soggettivo consapevole.

La mindfulness, con le sue radici nei metodi contemplativi, insegna che la consapevolezza è prima di tutto un'esperienza fenomenologica: si tratta di percepire "dall'interno" il continuo flusso di sensazioni, pensieri, emozioni. L'IA, per quanto abile, non ha — a oggi — evidenze di un "centro soggettivo" che sperimenti la gioia o la sofferenza, la noia o l'entusiasmo. L'assenza di un corpo vivo, con meccanismi chimici e ormonali, limita la possibilità di sviluppare quella dimensione sentita che caratterizza la coscienza biologica.

- Domanda aperta: un'IA potrà mai provare qualcosa di simile alla meditazione? Se non c'è un orizzonte di "essere incarnato" e un vissuto soggettivo di tempo e spazio, che senso ha parlare di "mindfulness artificiale"? Eppure, c'è chi ipotizza che forme di simulazione corporeo-sensoriale possano emergere in robot avanzati. Rimane, però, un confine sottile tra imitazione funzionale e reale consapevolezza fenomenologica.

Se la mindfulness insegna a riconoscere i processi mentali e la loro natura mutevole, ciò ci rende più pronti a relazionarci con sistemi che, in un certo senso, ci imitano — algoritmi capaci di apprendere, prevedere e "decidere". Da un lato, non ci lasciamo affascinare in modo ingenuo: comprendiamo che l'IA è un insieme di processi condizionati (come i nostri pensieri) e non una "magia"; dall'altro, possiamo mantenere la consapevolezza dell'intentionalità umana, il nostro libero arbitrio e la responsabilità morale delle scelte.

- Non-identificazione: la mindfulness insegna a non identificarci né con i nostri pensieri, né con un sistema tecnologico che sembra "pensare" al posto nostro. Ciò evita di proiettarci ciecamente nell'IA e di divinizzarla o demonizzarla.

Le tradizioni contemplative, dal buddismo allo stoicismo, sottolineano l'impermanenza: nulla è statico, tutto fluisce. L'accelerazione tecnologica dell'IA rende evidente questa verità: i lavori cambiano, i paradigmi economici si ribaltano, le relazioni sociali si trasformano. Un addestramento spirituale o meditativo ci aiuta a:

- Rispondere con adattabilità alle novità, senza cedere al panico o all'illusione di poter controllare tutto.
- Mantenere una prospettiva di compassione: in un mondo che muta rapidamente, la sofferenza di chi si sente escluso o "sostituito" dall'IA richiede empatia e solidarietà.

L'arrivo di tecnologie sempre più "intelligenti" costringe la società a ripensare cosa distingua l'umano dal puramente computazionale. In questo contesto, la mindfulness — radicata nell'idea di presenza, empatia e auto-riflessione — diventa un simbolo di "umanità profonda", quella parte che non si esaurisce in schemi cognitivi ma include la ricchezza delle emozioni, la dimensione etica e la capacità di creare significato. Se un robot imparasse a imitare le nostre espressioni empatiche, potremmo confonderlo con un essere cosciente? Forse la risposta risiede proprio nel riconoscere la "presenza" interiore, la sensibilità che la meditazione tende a sviluppare e che non può essere riprodotta da una semplice rete neurale.

In una prospettiva socio-culturale, molte pratiche contemplative hanno svolto storicamente un ruolo di contrappeso alle gerarchie politiche e alla mercificazione della vita. Il monaco buddista, il filosofo stoico, il mistico cristiano — figure che, pur in contesti diversi, si dedicavano a coltivare uno spazio di libertà interiore in una società spesso guidata da potere e apparenza.

Oggi, di fronte a un'economia dei dati e alla pressione per conformarci ai modelli di intelligenza algoritmica, la mindfulness può costituire un elemento di resistenza culturale, un modo per ricordarci che non siamo soltanto profili digitali ottimizzabili, ma esseri capaci di silenzio, introspezione e trascendimento dei condizionamenti. Questo ci permette di affrontare l'IA non con diffidenza o passiva accettazione, ma con spirito critico e responsabilità collettiva. Esistono già alcuni tentativi di integrare IA e meditazione: app che personalizzano le sessioni di mindfulness in base ai parametri fisiologici, chatbot che offrono spunti di auto-osservazione, perfino progetti di "monaci virtuali" che rispondono a domande esistenziali. Il rischio è di banalizzare la profondità di queste tradizioni, riducendole a "servizi on demand". Tuttavia, se sviluppate con consapevolezza, tali iniziative possono:

- Avvicinare più persone alla pratica contemplativa, rimuovendo barriere di accesso (costi, distanze).

- Favorire percorsi personalizzati di apprendimento, in cui l'IA suggerisca esercizi adatti a livello e condizioni del praticante.
- Aprire nuovi scenari di "spiritualità digitale", nei quali la riflessione sull'algoritmo diventa essa stessa uno stimolo a capire i meccanismi di mente e realtà.

Ciò che il percorso contemplativo può dare all'IA è la dimensione dell'autenticità: mentre un sistema artificiale simula, la pratica meditativa ci invita a sentire da dentro, a cogliere l'emergere di stati emotivi e cognitivi, a riflettere sul loro significato. Forse un giorno costruiremo IA "auto-riflessive", ma fino ad allora, la ricerca interiore rimane una prerogativa del vivente umano, un antidoto al rischio di ridurre la vita a pattern di calcolo.

La domanda iniziale, "Può l'IA sviluppare una forma di consapevolezza?", rimane, in larga misura, aperta. Siamo in un territorio in cui la scienza, la filosofia e le tradizioni contemplative offrono prospettive complementari ma non definitive. Quello che la mindfulness ci insegna, tuttavia, è che la consapevolezza umana non è un oggetto da definire una volta per tutte, bensì un processo in evoluzione, un percorso in cui si può scoprire l'interdipendenza di tutto ciò che esiste.

- Se l'IA diventasse "cosciente"?: dovremmo rivedere la nostra definizione di vita, diritti, relazioni; sarebbe un cambio epocale.
- Se l'IA restasse "inconscia": potremmo comunque lavorare per integrarla nella società in modo etico, sapendo che le sue abilità computazionali vanno "governate" e non idealizzate.

Da un punto di vista socio-culturale, il dialogo tra mindfulness e IA ci ricorda che non siamo semplici macchine, e che le pratiche contemplative — buddiste, stoiche, cristiane, sufi, laiche — possono offrire un radicamento etico ed esistenziale in un'epoca dominata dall'accelerazione tecnologica. Non è un rifugio passatista, ma una saggezza antica che può illuminarci nella creazione di un futuro più umano, in cui la rivoluzione dell'intelligenza artificiale divenga un'occasione di arricchimento, anziché di smarrimento.

CAPITOLO 8

Che mondo ci aspetta tra cinque o dieci anni? Secondo il "World Economic Forum" (WEF) si prevede che entro il 2030 oltre l'80% delle aziende a livello globale utilizzerà una qualche forma di IA avanzata nelle proprie operazioni (WEF, 2021). Dall'altra parte, un report congiunto dell'International Labour Organization (ILO) e dell'OCSE (2022) indica che la rapidità dei cambiamenti tecnologici potrebbe creare, nei prossimi sette anni, uno squilibrio di competenze in almeno un terzo delle economie emergenti. Questi dati suggeriscono uno scenario "inedito", in cui le opportunità si mescolano a possibili tensioni sociali e culturali.

Mentre nei capitoli precedenti abbiamo tracciato i fondamenti della governance etica e della riflessione filosofica e toccato temi quali il lavoro, la famiglia e la coscienza, ora ci spostiamo su un terreno più proiettato al futuro. Oltre a chiederci "cosa sta già avvenendo?", proviamo a immaginare cosa potrebbe succedere se l'IA continuasse a progredire esponenzialmente, entrando in spazi della nostra esistenza finora poco toccati. Qui la mindfulness diventa non solo un riferimento teorico, ma una pratica culturale che può guidarci verso una transizione meno confusa e più consapevole.

Scrive lo storico e pensatore Yuval Noah Harari (2018) che "le società attraversano periodi di grande cambiamento con un misto di eccitazione e paura": la mindfulness, con la sua capacità di insegnarci la sospensione del giudizio e l'auto-osservazione, potrebbe essere l'antidoto agli eccessi di frenesia o di panico tecnologico.

Nel contesto della trasformazione digitale globale, il settore sanitario si sta rivelando uno degli ambiti più ricettivi alle applicazioni dell'Intelligenza Artificiale (IA). Gli algoritmi di machine learning e deep learning già offrono strumenti per migliorare la diagnosi, prevedere l'andamento di alcune patologie e gestire i flussi ospedalieri con maggior efficienza. Se da un lato tutto ciò implica una potenziale rivoluzione positiva — riducendo errori, abbassando i costi e rendendo più accessibili alcuni servizi — dall'altro suscita la domanda cruciale: come conservare il fattore umano in un contesto che rischia di diventare sempre più data-driven e tecnologico?

Uno degli sviluppi più rilevanti riguarda la capacità dell'IA di interpretare in modo rapido e accurato grandi quantità di dati clinici: immagini radiologiche, cartelle elettroniche, indicatori biologici (biomarker) raccolti con sensori wearables. Uno studio pubblicato su *Nature Medicine* (Topol, 2019) mostra che, in alcuni casi, gli algoritmi di deep learning eguagliano o superano la precisione di specialisti umani nella diagnosi di tumori polmonari e lesioni cutanee. Ciò significa che un paziente, potenzialmente, può ricevere una diagnosi più tempestiva e avere un accesso più rapido a terapie mirate.

- Esempio clinico: Nel 2021, il Beth Israel Deaconess Medical Center di Boston ha introdotto un sistema di IA per l'analisi delle immagini mammografiche, riducendo i tempi di refertazione del 30% e segnalando il 12% in più di microlesioni sospette rispetto ai protocolli tradizionali (BIDMC Internal Report, 2021). Questo ha contribuito a diagnosticare casi di carcinoma mammario in stadi precoci, aumentando le possibilità di successo terapeutico.

Tuttavia, l'automazione diagnostica non è priva di criticità: oltre alla questione dei bias (un algoritmo addestrato su un database che non rappresenti adeguatamente l'intera popolazione può commettere errori sistemici), si solleva il problema della "responsabilità decisionale". Quando un medico si trova di fronte al referto "suggerito" da un sistema di IA, quanto incide la sua valutazione clinica autonoma? E come bilanciare la fiducia nella macchina con il dovere deontologico di ascoltare il paziente, la sua storia, i suoi sintomi meno quantificabili?

Oltre alla diagnosi, l'IA entra in gioco nella logistica e nei processi amministrativi: scheduling delle sale operatorie, smistamento dei pazienti ai reparti, riduzione dei tempi di attesa al pronto soccorso. Deloitte (2021) stima che circa il 35% delle strutture sanitarie in Europa impieghi sistemi di intelligenza artificiale per ottimizzare l'allocazione del personale e dei posti letto, con risultati incoraggianti in termini di riduzione dei costi e degli errori di pianificazione.

- Efficienza: Un ospedale di Barcellona, l'Hospital Clínic, ha integrato un modello predittivo che anticipa i picchi di arrivo in pronto soccorso in base a dati epidemiologici e meteorologici. Questo ha permesso di tagliare le attese medie del 20% e di gestire meglio i turni del personale (Hospital Clínic Press Release, 2020).

Se la riduzione dei tempi e delle spese appare un traguardo lodevole, esiste il rischio di ridurre l'esperienza di cura a un processo meccanico: pazienti "smistati" da un algoritmo, operatori sanitari che si limitano a eseguire protocolli suggeriti da una piattaforma di data analytics. In un contesto del genere, la relazione medico-paziente — basata su ascolto, dialogo, empatia — rischia di rimanere in secondo piano. È qui che interviene la riflessione mindful: come progettare processi più efficienti senza cadere nella spersonalizzazione? Come garantire che l'essere umano non diventi un semplice "codice a barre" nei registri digitali?

La sanità è un settore ad alto rischio di stress lavorativo: secondo l'American Medical Association (AMA), circa il 44% dei medici ha sperimentato forme di burnout durante la pandemia da COVID-19 (AMA, 2021). L'ingresso dell'IA può alleviare alcune incombenze burocratiche, ma introduce anche nuove pressioni: la necessità di imparare ad usare costantemente nuovi software, di fidarsi (o di diffidare) delle raccomandazioni algoritmiche, di gestire il timore di "perdita del controllo" sulle decisioni cliniche.

- **Esempio**: Un chirurgo specializzato in robotica cardiovascolare ha raccontato, in un'intervista al "New England Journal of Medicine" (NEJM, 2022), di aver vissuto una forte ansia legata al dover "convalidare" passo dopo passo le indicazioni di un sistema di supporto IA, temendo di commettere errori che poi avrebbero esposto l'ospedale a responsabilità medico-legali.

Qui si inserisce il concetto di Mindful Hospital o di pratiche di consapevolezza per il personale: momenti quotidiani di meditazione guidata, gruppi di ascolto e sessioni di "decompressione" dopo interventi complessi. Il "Center for Mind-Body Medicine" di Washington (CMBM, 2020) riporta un calo del 28% nella sindrome da burnout quando i reparti sperimentano programmi di meditazione e rilassamento, integrati nella routine clinica. Questi spazi non fanno sparire i problemi di carico di lavoro e di responsabilità, ma offrono un sostegno psico-emotivo prezioso.

Come coniugare, dunque, la straordinaria potenza dell'IA con la necessità di una relazione di cura **autentica**? Ecco alcune prospettive:

Medico + IA = Team ibrido

- L'algoritmo fornisce analisi predittive, segnalando possibili diagnosi o terapie. Il medico rimane responsabile di interpretare quei suggerimenti con spirito critico, unendo la competenza scientifica al "fiuto clinico" e alla comprensione empatica del paziente.

o Un rapporto "complementare" e non "competitivo".

Trasparenza e spiegabilità
  o L'uso di modelli di IA che forniscano un minimo di "spiegazione" (Explainable AI) consente al professionista di sapere perché la macchina suggerisce un certo percorso. Questo aumenta la fiducia e riduce la sensazione di delegare a un "oracolo digitale".
  o Alcuni ospedali in Svezia e Germania stanno sperimentando dashboard intuitive dove il medico può verificare i fattori più rilevanti che l'algoritmo ha considerato (OECD AI Observatory, 2022).

Ascolto attivo e mindful
  o Introdurre tecniche di mindfulness nei reparti, così da allenare l'**attenzione piena** nei momenti di visita e di diagnosi. Già pochi minuti di respirazione consapevole, prima di un incontro con il paziente, possono fare la differenza nel modo in cui ci si approccia all'altro.
  o Un gruppo di infermieri in un ospedale di Londra (London Mindful Nursing Pilot, 2021) ha sottolineato come la pratica di meditazione pre-turno abbia favorito la calma e ridotto gli errori dovuti a sovraccarico di informazioni.

Supporto psicologico integrato
  o Il paziente che utilizza app e wearable per monitorare costantemente il proprio battito cardiaco o i livelli di zucchero nel sangue può sviluppare ansia e comportamenti ossessivi (OMS, 2020). Serve quindi un'assistenza che

includa un supporto psicologico o di counseling, aiutando la persona a interpretare i dati **senza** eccesso di allarmismo, in un clima di fiducia.

Immaginiamo, tra 10 anni, un ospedale dove la sala d'attesa del pronto soccorso non sia un luogo di disperazione e caos, ma uno spazio (anche virtuale) di orientamento: un assistente IA gestisce i primi screening e fornisce indicazioni immediate su priorità e possibili soluzioni, mentre personale formato alla mindfulness guida i pazienti in semplici pratiche di respiro, per contenere lo stress. Nel frattempo, il sistema analizza i dati epidemiologici per "preallertare" i reparti interessati. Tuttavia, ogni passaggio chiave è supervisionato da medici che, con una visione empatica, sanno quando affidarsi alla precisione dell'IA e quando agire in base alla loro sensibilità ed esperienza.

Questo modello non è fantascienza: alcuni progetti pilota negli Stati Uniti e in Nord Europa stanno già sperimentando architetture ospedaliere "a misura d'uomo", dove la tecnologia è "gentile", e i protocolli includono workshop di mindfulness per i professionisti sanitari. Se tali esperienze si diffonderanno, potremmo assistere a un ribaltamento dell'idea di "ospedale come macchina", a favore di un luogo di cura integrata, in cui l'IA snellisce i processi ripetitivi e la presenza umana si focalizza sull'ascolto, la diagnosi empatica e la costruzione di relazioni di fiducia.

Se l'IA sta rivoluzionando la sanità, non meno dirompente è il suo potenziale nel mondo dell'educazione. Da anni si discute di come la tecnologia possa personalizzare l'insegnamento, favorire l'accessibilità e potenziare le competenze degli studenti. Tuttavia, questa trasformazione non è esente da criticità. Si pone il problema di evitare una "scuola-algoritmo" che chiuda gli studenti in "bolle formative", alimentando le disuguaglianze anziché ridurle. In questa cornice, la mindfulness — intesa come pratica individuale e collettiva di consapevolezza — può fungere da antidoto all'eccesso di digitalizzazione, introducendo ritmi di riflessione e strumenti di coesione emotiva.

Uno dei concetti più discussi è il cosiddetto adaptive learning: piattaforme educative alimentate da IA che analizzano le risposte degli studenti e "adattano" i contenuti in base alle loro lacune e al ritmo di apprendimento. Organizzazioni come l'UNESCO (2021) vedono in queste soluzioni un mezzo per portare istruzione di qualità in aree remote del pianeta, dove mancano insegnanti qualificati o risorse fisiche. Esempi come "Knewton" o la piattaforma "ALEKS" (di McGraw-Hill) mostrano tassi di miglioramento nel rendimento tra il 10% e il 20% rispetto ai metodi tradizionali in determinate discipline scientifiche (McGraw-Hill Research, 2020).

- **Esempio pratico**: In alcune scuole della California, un software di algebra fornisce esercizi adattivi, capendo dove lo studente commette errori e riproponendo esempi mirati. I dati raccolti dall'algoritmo consentono all'insegnante di avere una mappa dettagliata delle difficoltà individuali di ciascuno. Ciò permette di organizzare gruppi di recupero o di approfondimento in modo più efficiente.

Tuttavia, c'è il rischio che l'iper-personalizzazione riduca l'esposizione dello studente a sfide impreviste o a idee "fuori dalla sua comfort zone". Lo psico-pedagogista Bernard Luskin (EdTech Review, 2019) segnala come alcuni bambini, abituati ad ambienti di apprendimento iper-tarati sui loro interessi, mostrino difficoltà quando si tratta di lavorare in gruppo o confrontarsi con prospettive diverse. In altri termini, l'adaptive learning potrebbe trasformarsi in una "bolla educativa" simile a quelle dei social network, limitando lo spirito di esplorazione.

Il rapporto "Global Education Monitoring" dell'UNESCO (2020) evidenzia che, nonostante le promesse della tecnologia, il **digital divide** resta una ferita aperta. Circa il 47% degli studenti nei Paesi in via di sviluppo non ha accesso a una connessione internet stabile, e spesso mancano i dispositivi adeguati. In tali condizioni, introdurre piattaforme IA rischia di cristallizzare le disuguaglianze: chi è già privilegiato ottiene percorsi di apprendimento sofisticati e personalizzati; chi vive in aree rurali o in famiglie a basso reddito rimane escluso dalle opportunità.

- **Esempio**: Durante la pandemia di COVID-19, molte scuole si sono trasferite online. In alcune regioni del Sud-Est asiatico, una percentuale significativa di allievi non disponeva di computer o tablet, e il segnale internet era troppo debole per seguire le lezioni. Ciò ha generato un aumento del tasso di abbandono scolastico e un calo generale delle performance (Asian Development Bank, 2021).

Diventa quindi cruciale che i governi e le organizzazioni internazionali, insieme ai privati, investano in infrastrutture digitali e in programmi di formazione rivolti anche alle famiglie. Al contempo, serve una **regolamentazione** che garantisca la trasparenza degli algoritmi di apprendimento, impedendo che i bias di partenza (ad esempio, set di dati tarati su culture anglofone) penalizzino studenti di altri contesti linguistici o socio-culturali.

Di fronte alla crescente pressione tecnologica, molti educatori sottolineano la necessità di **non ridurre** l'esperienza scolastica a un rapporto studente-software. È qui che si inserisce il concetto di Mindful Classroom, uno spazio didattico (fisico o virtuale) in cui l'apprendimento cognitivo si affianca a pratiche di consapevolezza e di gestione emotiva.

- **Spazi di silenzio**: In alcune scuole sperimentali finlandesi, si dedica ogni mattina un quarto d'ora a una semplice meditazione di gruppo, per aiutare gli studenti a "entrare" in un clima di concentrazione e rispetto reciproco. L'amministrazione scolastica di Helsinki (Education Finland, 2022) riporta una riduzione del 15% degli episodi di bullismo e una maggiore partecipazione nelle lezioni successive.

- **Pausa digitale**: In un contesto di lezioni supportate da dispositivi (tablet, PC), la Mindful Classroom prevede momenti di "disconnessione", in cui gli studenti possono rielaborare i contenuti con modalità analogiche — scrivere un breve diario, discutere in piccoli gruppi, o semplicemente osservare il proprio stato interiore.

- **Didattica empatica**: Il ruolo dell'insegnante diventa allora quello di un facilitatore che non si limita a erogare informazioni, ma promuove l'ascolto attivo tra pari, aiuta a canalizzare ansie e frustrazioni, e collabora con il software di IA senza esserne un mero esecutore.

Questo approccio olistico risulta tanto più importante quanto più l'educazione si contamina con la logica del mercato, dove piattaforme private "competono" per offrire soluzioni di adaptive learning. La mindfulness aiuta studenti e docenti a conservare l'aspetto relazionale, a non ridurre l'apprendimento a un test continuo di competenze, e a gestire l'eventuale stress da performance.

Per comprendere meglio il potenziale di questa integrazione, prendiamo il caso (fittizio ma ispirato a pratiche reali) dell'"Istituto Aurora" a Stoccolma. Qui, da due anni, viene impiegato un chatbot didattico, "EduMind", che fornisce esercizi personalizzati di matematica e lingua svedese. EduMind analizza in tempo reale gli errori degli studenti, proponendo correttivi e brevi clip esplicative. Al contempo, i docenti hanno costruito una **routine** di mindfulness giornaliera: dieci minuti di respirazione guidata e riflessione sullo stato emotivo dello studente, da svolgersi in piccoli gruppi.

- **Risultati**: Dopo il primo anno, i test standardizzati mostrano un miglioramento medio del 12% nelle capacità di problem solving. Più sorprendente è il dato relativo all'autostima e all'ansia scolastica: il 68% degli alunni riferisce di sentirsi "meno sotto pressione" rispetto alle valutazioni, con un calo di episodi di ansia da prestazione del 25%. Secondo il professor Lindholm, coordinatore del progetto, "La combinazione di un software che segue l'allievo passo dopo passo e di una pratica che coltiva la calma interiore aiuta i ragazzi a vivere la scuola come uno spazio di crescita, non di competizione sfrenata" (Intervista, 2022).

Perché la Mindful Classroom possa funzionare, non basta introdurre tecnologie o fissare sessioni di meditazione: serve un rinnovamento della formazione dei docenti. Molte università si stanno muovendo in questa direzione, inserendo corsi di mindfulness e intelligenza emotiva nei piani di studio per futuri insegnanti. L'Università di Harvard (Harvard Graduate School of Education, 2021) ha avviato il programma "Teaching with Presence", che combina seminari di neuroscienze educative, laboratori di meditazione e workshop su come integrare software adattivi in classe senza perdere la dimensione relazionale.

- **Ridurre il burnout tra gli insegnanti**: La professione docente, già carica di stress, può risentire della pressione di dover imparare nuovi strumenti digitali, rispondere ai genitori in tempo reale e personalizzare i percorsi di dozzine di studenti. La mindfulness offre un terreno di auto-consapevolezza, aiutando gli insegnanti a sviluppare una maggiore resilienza psicologica. Un report della Mindful Teacher Foundation (2020) rileva un calo del 18% di malattie psicosomatiche tra i docenti che praticano 15 minuti al giorno di meditazione (anche supportata da app specifiche).

L'avanzata dell'IA in campo educativo sembra destinata a proseguire. Secondo il "Global Education Futures Report" (2025), entro i prossimi dieci anni potremmo avere:

- **Assistenti virtuali evoluti** capaci di "insegnare" in modo quasi autonomo discipline come la programmazione, la matematica e le lingue straniere.
- **Realtà aumentata** e ambienti virtuali immersivi dove lo studente "vive" storie interattive di storia, scienze naturali e letteratura, muovendosi tra epoche e contesti simulati.

In tale scenario, la mindfulness può rappresentare il contrappeso necessario: una scuola in cui gli studenti sperimentano l'innovazione didattica senza rimanerne sopraffatti. Un'istituzione "bi-culturale", dove la tecnologia convive con la coltivazione di valori come la calma, l'empatia e la collaborazione. Ciò significa, per esempio, proporre "giornate digital detox" — in cui, per 24 ore, si sospende l'uso delle piattaforme e si incoraggiano attività di gruppo e laboratori creativi. Oppure invitare gli alunni a riflettere su come vengono raccolti e utilizzati i loro dati (digital literacy), responsabilizzandoli sull'impatto che i loro comportamenti hanno non solo sul presente, ma sul futuro della società.

La sfida dell'educazione nell'era dell'IA non è soltanto tecnica o organizzativa, bensì culturale. Da un lato, appare innegabile la potenzialità degli algoritmi di offrire una didattica più mirata, ridurre la dispersione scolastica e consentire percorsi personalizzati anche a studenti con bisogni speciali. Dall'altro, esiste il rischio di perpetuare o aggravare divari socio-economici, di standardizzare l'apprendimento e di sacrificare la dimensione emotiva e relazionale.

La Mindful Classroom emerge come una possibile sintesi: un ambiente in cui l'innovazione tecnologica non spegne la creatività, la cooperazione e la consapevolezza corporea, ma si integra con esse. Insegnare a "stare nel presente", a riconoscere i segnali di stress, a gestire le emozioni e a entrare in risonanza con i compagni di classe non è un lusso, bensì un ingrediente essenziale per formare futuri cittadini capaci di senso critico. Se vogliamo che le nuove generazioni utilizzino l'IA non come "stampella cognitiva", ma come leva per un progresso collettivo, dobbiamo radicare le loro competenze in una cultura dell'ascolto e della responsabilità. L'obiettivo non è "tornare al passato" o rinunciare alle potenzialità delle piattaforme adattive, ma coltivare una "tecnologia umana": quell'equilibrio in cui la personalizzazione digitale incontra la spontaneità del confronto in classe, la ricchezza dei dibattiti dal vivo, l'apprendimento esperienziale che include corpo, mente ed emozioni. In questo senso, la mindfulness si propone come motore di rinnovamento pedagogico, invitando a una scuola che alimenti tanto le qualità cognitive quanto quelle empatiche, fondamentali per un futuro sempre più interconnesso e — si spera — più consapevole.

La crisi ambientale e il cambiamento climatico costituiscono uno dei temi centrali del nostro tempo. Mentre la finestra d'azione per mantenere l'aumento delle temperature globali entro limiti sostenibili si restringe, la tecnologia — e in particolare l'Intelligenza Artificiale (IA) — emerge come uno strumento di straordinario potenziale, sia per approfondire la comprensione dei fenomeni climatici, sia per trovare soluzioni innovative nella gestione delle risorse. Tuttavia, l'impiego massiccio di IA in questo campo comporta anche dubbi etici e di sostenibilità, invitandoci a bilanciare l'uso dei big data con una visione più olistica e responsabile, nel solco di quell'approccio mindful che pervade i capitoli precedenti.

L'Intergovernmental Panel on Climate Change (IPCC), nel suo Rapporto Speciale del 2018, sottolinea come le capacità di previsione e analisi dei dati possano essere notevolmente potenziate dalle tecniche di machine learning. Ad esempio, reti neurali profonde possono elaborare una mole imponente di dati meteorologici, oceanici e atmosferici, tracciando scenari climatici più dettagliati rispetto alle metodologie tradizionali. Ciò permette di individuare tendenze ed eventi estremi con maggiore tempestività, fornendo ai governi indicazioni per adottare misure di prevenzione (ad esempio, nella costruzione di infrastrutture resilienti a inondazioni o tempeste).

- Esempio concreto: Uno studio condotto dal National Center for Atmospheric Research (NCAR, USA, 2021) ha integrato un modello IA con dati satellitari ad alta risoluzione, rivelando una previsione più accurata del 20% sugli uragani atlantici, sia per intensità che per traiettoria, rispetto ai modelli meteorologici precedenti. Questa maggiore precisione, anche se non elimina i rischi, consente di pianificare evacuazioni e predisporre risorse di emergenza in modo più efficiente.

D'altra parte, l'IA sta rivoluzionando anche l'agricoltura: grazie a droni, sensori IoT e piattaforme di analisi, gli agricoltori possono modulare l'irrigazione, il ricorso a fertilizzanti e i trattamenti fitosanitari in base ai dati forniti da algoritmi predittivi. La cosiddetta agricoltura di precisione mira a minimizzare gli sprechi e a ridurre l'impatto ambientale, mantenendo o persino aumentando la resa dei raccolti. Il World Economic Forum (2020) stima che l'impiego di IA in agricoltura di precisione possa incrementare la produttività del 15-20% in alcune aree dell'Africa e dell'Asia, migliorando la sicurezza alimentare e riducendo la deforestazione.

Un aspetto cruciale del cambiamento climatico riguarda la disponibilità dell'acqua e l'uso sostenibile dell'energia. L'IA, incrociando dati su precipitazioni, utilizzo del suolo e consumi urbani, può ottimizzare la distribuzione idrica, segnalando anomalie o possibili perdite nelle reti di distribuzione. Città come Singapore e Barcellona hanno già adottato sistemi di monitoraggio intelligente per ridurre gli sprechi d'acqua del 10-15% (SmartCity Data, 2021).

Sul fronte energetico, l'IA può prevedere i picchi di domanda, integrando i dati meteo per modulare la produzione da fonti rinnovabili come fotovoltaico ed eolico. Lo European Green Deal della Commissione Europea (2020) incoraggia l'adozione di reti elettriche intelligenti (smart grid) e soluzioni AI-driven per orchestrare lo scambio energetico tra distretti urbani e ruralità limitrofe. Questo modello di "prosumer energy" (i cittadini non solo consumano ma anche producono e condividono energia) potrebbe ridurre le emissioni di CO_2 e stabilizzare il sistema elettrico, rendendolo meno vulnerabile a picchi imprevisti.

Nonostante il potenziale dell'IA nel favorire una transizione verde, è importante riconoscere che la tecnologia stessa ha un costo ambientale significativo. L'allenamento di un singolo modello di deep learning di grandi dimensioni (si pensi ai sistemi generativi o al natural language processing) può comportare un consumo energetico pari a decine di migliaia di ore di GPU e TPU, emettendo tonnellate di CO_2 equivalenti a quella di numerosi voli intercontinentali (Google AI Blog, 2019; Strubell et al., *ACL 2019*).

- Trade-off: Se da un lato l'IA offre soluzioni di ottimizzazione (meno sprechi agricoli, migliore regolazione delle reti elettriche), dall'altro l'espansione dei data center e la domanda di potenza di calcolo rischiano di annullare o ridurre i benefici ambientali. Diventa quindi cruciale uno sforzo di ricerca e policy per rendere questi sistemi energeticamente efficienti o alimentati da fonti rinnovabili.

Inoltre, l'accesso diseguale alle tecnologie IA può creare ulteriori squilibri tra Nord e Sud del mondo. Se i Paesi con più risorse possono implementare reti di sensori e piattaforme predittive, altri rischiano di rimanere esclusi dai vantaggi in termini di sicurezza alimentare ed energetica. Ecco che la questione della "giustizia climatica" si intreccia con la governance dell'IA: chi elabora e gestisce i dati ambientali globali? Con quali criteri si decide dove investire in smart agriculture o progetti di smart city?

In un capitolo dedicato alla mindfulness, non possiamo trascurare l'idea che la crisi ambientale sia anche il prodotto di una visione frammentata del rapporto uomo-natura. L'approccio mindful ricorda che tutto è interconnesso — la nostra salute mentale, i modelli di consumo, i cicli naturali, e persino le decisioni politiche globali. In quest'ottica, l'IA non deve essere soltanto un mezzo per "correggere" i nostri errori ambientali, ma uno strumento integrato in una più ampia cultura della consapevolezza.

- Responsabilità collettiva: se la mindfulness allena l'individuo a osservare i propri pensieri, un "mindful design" per l'ambiente dovrebbe spingerci a riflettere sull'impatto reale di ogni progetto IA, considerando non solo i benefici diretti (riduzione di sprechi), ma anche i costi nascosti (energia, materiali rari, diseguaglianze sociali).

- Pausa e valutazione: prima di avviare un grande progetto di IA ambientale, potremmo prevedere "momenti di valutazione collettiva", in cui stakeholder, esperti ambientali, gruppi civici e persino comunità locali si confrontino sui pro e contro. Questo processo di "pausa riflessiva" assomiglia al protocollo di mindfulness nel prendere decisioni: osservare senza fretta, ascoltare i bisogni di ogni parte, individuare soluzioni che minimizzino i danni collaterali.

Per dare un esempio concreto, la California, affetta da periodi di siccità sempre più estremi, ha sviluppato un progetto di analisi su larga scala chiamato "AquaSense" (UC Davis, 2021). Il sistema raccoglie dati satellitari, informazioni sul manto nevoso della Sierra Nevada, dati storici sulle precipitazioni e proiezioni climatiche, per stimare la disponibilità d'acqua nei prossimi 6-12 mesi. L'algoritmo IA fornisce suggerimenti sul rilascio di acqua dalle dighe e sulla rotazione delle coltivazioni (ad esempio, ridurre la produzione di mandorle in stagioni di scarsa acqua).

- Impatto: nei primi due anni di utilizzo, il consumo idrico in alcune aree agricole è calato dell'11%, e i bacini di stoccaggio hanno potuto mantenere riserve necessarie a fronteggiare i picchi estivi (AquaSense Internal Report, 2022). Il progetto ha coinvolto però anche gruppi di contadini e organizzazioni ambientaliste, che hanno definito "linee guida mindful" per evitare di sacrificare la biodiversità del suolo: a volte la massimizzazione dell'efficienza idrica non coincide con la tutela degli habitat.

Questo caso mostra come efficacia tecnologica e cultura della partecipazione possano andare di pari passo, rendendo l'IA uno strumento non invasivo, ma concertato con le esigenze e i valori di chi vive il territorio.

Se immaginiamo un orizzonte di 10-15 anni, possiamo prospettare uno scenario in cui i governi e le organizzazioni internazionali adottino algoritmi di IA per monitorare in tempo reale le emissioni, la deforestazione e la salute degli ecosistemi marini e terrestri. Una rete di satelliti e sensori fornirebbe un "panopticon" ambientale su scala planetaria, supportando interventi rapidi contro incendi, illegalità nella pesca o disboscamento. Ma chi gestisce questi dati? Chi decide quali politiche attuare e a quale costo?

Una governance mindful delle tecnologie climatiche imporrebbe:

1. Trasparenza algoritmica: i modelli utilizzati per proiezioni e decisioni pubbliche dovrebbero essere spiegabili e sottoposti a revisione aperta, così che la comunità scientifica e civile possa validarne l'accuratezza.

2. Coinvolgimento delle comunità locali: le popolazioni direttamente interessate dalle misure ambientali (popoli indigeni, contadini, pescatori) devono avere voce in capitolo, anziché subire imposizioni top-down.

3. Formazione e divulgazione: sensori e piattaforme di big data non bastano se mancano competenze, cultura scientifica e una responsabilità diffusa: serve educare i giovani e i cittadini a interpretare i dati, a conoscerne i limiti e a sostenere scelte di consumo più sostenibili.

Il potenziale dell'IA nell'analisi climatica e nella gestione delle risorse è straordinario: possiamo anticipare calamità naturali, organizzare sistemi idrici più equi, ottimizzare l'uso dell'energia rinnovabile. Al tempo stesso, la costruzione e l'allenamento di modelli IA su vasta scala pongono interrogativi in merito all'impatto energetico, ai materiali necessari per l'hardware e alle differenze di accesso tra Paesi ricchi e poveri.

Ed è qui che l'approccio mindful assume un peso strategico: invitando a considerare in modo completo gli effetti di ogni innovazione, a portare nel discorso pubblico la dimensione della interconnessione e la responsabilità verso le generazioni future. Non serve demonizzare la tecnologia — che anzi può essere un fattore di speranza nella lotta al cambiamento climatico — ma occorre abbracciarla con consapevolezza, definendo priorità e limiti, ascoltando i segnali d'allarme e integrando i saperi locali con la pianificazione globale.

Nel mare di soluzioni tecnologiche che affollano la nostra vita quotidiana — dalle app di messaggistica ai social network, passando per piattaforme di streaming e software aziendali — sta emergendo, quasi in controcorrente, un filone di progettazione e ricerca che potremmo definire "Gentle Tech". L'idea di base è superare la logica dell'"engagement a ogni costo" e dell'iperstimolazione, per creare dispositivi e interfacce pensati per rispettare i ritmi e i bisogni profondi delle persone. L'ispirazione, in parte, deriva dal movimento Slow Tech (Iaconesi & Persico, 2015) e dal concetto di design mindful: una tecnologia che, invece di catturare e trattenere l'utente, lo aiuta a ritrovare lucidità, equilibrio e spazio mentale.

Uno dei primi esempi di Gentle Tech è rappresentato da quei dispositivi e applicazioni che volontariamente riducono o semplificano le funzioni, concentrandosi su un compito essenziale. Pensiamo, ad esempio, ai telefoni "light phone" che consentono solo chiamate e SMS, senza notifiche invasive o accesso costante ai social. Il loro scopo non è "tornare all'era analogica", ma offrire un'opzione per chi desidera staccare periodicamente dall'iperconnessione, senza rinunciare alla sicurezza di avere comunque un contatto telefonico.

- Caso concreto: "Light Phone" (un progetto di Kickstarter, 2015) ha venduto diverse migliaia di unità a persone che desideravano mantenere un numero di cellulare, ma senza dover subire distrazioni continue. Molti utenti hanno scelto di usarlo nei weekend o in vacanza, per dedicarsi al tempo libero in modo più presente. È diventato anche uno strumento per genitori che preferiscono dare ai figli un telefono essenziale, evitando di esporli troppo presto ai social.

All'interno dello stesso concetto, troviamo interfacce di lavoro minimaliste, come editor di testo "senza distrazioni" (ad esempio "Ommwriter" o "FocusWriter"), che eliminano elementi grafici superflui. In questi ambienti, l'utente può dedicarsi alla scrittura con maggiore concentrazione e minore ansia da notifiche. Alcuni studi, come quello condotto dall'University of Leeds (2020), mostrano un aumento della produttività del 12% in studenti che usano editor minimalisti rispetto a software tradizionali pieni di funzioni multiple.

Uno degli assi portanti della Gentle Tech riguarda la gestione delle notifiche, considerate la principale fonte di interruzioni e frammentazione dell'attenzione nell'era digitale. Anziché bombardare l'utente con "ping" continui, alcune app e sistemi operativi (ad esempio, certe personalizzazioni su Android o iOS) offrono modalità di "gestione consapevole":

- Batching delle notifiche: i messaggi vengono consegnati in blocchi, a intervalli scelti dall'utente (ad esempio ogni ora), invece che in tempo reale. In questo modo, si evitano continue interruzioni e si permette un focus più prolungato sulle attività.

- Modalità zen: certe app di messaggistica (ad esempio, "Telegram X" in alcune varianti sperimentali) testano opzioni che silenziano in automatico le chat più attive, invitando l'utente a dedicare un momento di lettura più consapevole successivamente.

Interessante è il concetto di "design della pausa": alcune piattaforme stanno sperimentando funzionalità che incoraggiano l'utente a prendersi un break dopo un certo tempo di utilizzo, mostrando un messaggio gentile che suggerisce di fare qualche esercizio di stretching o di respirazione. La startup "Calm" (famosa per le sue app di meditazione) ha collaborato con alcune aziende di gaming per inserire brevi momenti mindful tra un livello e l'altro, facendo rallentare il ritmo della sessione di gioco e riducendo fenomeni di immersione compulsiva.

Il mondo degli smartwatch e dei braccialetti fitness, normalmente associato al conteggio costante di passi, calorie e battito cardiaco, sta iniziando a esplorare soluzioni "gentle". Invece di puntare sull'iper-motivazione e sulle classifiche competitive, alcuni dispositivi introducono feedback tattili o vibrazioni lievi per segnalare, ad esempio, un respiro accelerato o uno stato di tensione muscolare, invitando l'utente a fermarsi e rilassare le spalle o a fare un minuto di mindfulness.

- **Esempio:** Il dispositivo "Spire Stone" (2017) monitora il ritmo respiratorio e invia un leggero segnale vibrante quando percepisce un respiro irregolare o sintomi di ansia. L'utente può poi aprire l'app correlata, dove trova brevi esercizi di respirazione o di meditazione guidata. Un'indagine dell'University College London (2022) ha mostrato che, dopo tre mesi di utilizzo, i partecipanti riferivano una riduzione del 18% degli episodi di stress acuto, con un aumento della "consapevolezza corporea" percepita.

Questi wearable si allontanano dall'idea di "fitness ossessivo" e misurazioni continue, per avvicinarsi a una dimensione più educativa, dove la tecnologia diventa una sorta di alleata nel recupero del nostro equilibrio psicofisico.

Se c'è un territorio dove la Gentle Tech fatica a imporsi, è quello dei social network. La logica del clickbait e dell'engagement (like, commenti, condivisioni) rappresenta un modello di business consolidato, che vede nella "cattura dell'attenzione" il suo principale motore di profitto. Tuttavia, esistono piccole piattaforme sperimentali che tentano un approccio diverso, imponendo timer di riflessione pre-post, limitando il numero di post giornalieri o incentivando interazioni più profonde.

- **Esempio:** "HumanKind Social" (un progetto pilota in Scandinavia) permette di postare al massimo una volta al giorno e non consente di mettere "like" ai contenuti, ma solo di lasciare commenti di almeno 40 caratteri, spingendo l'utente a un feedback più argomentato. Il feed si aggiorna con cadenza oraria, non in tempo reale. Lo scopo è rallentare la frenesia e incoraggiare la conversazione autentica.

- **Riscontri:** Sebbene HumanKind Social abbia suscitato interesse in alcune cerchie di studenti e docenti universitari, incontra barriere di mercato evidenti: la maggior parte degli investitori preferisce puntare su modelli ad alto tasso di interazione immediata (che generano più dati e più introiti pubblicitari). Ciò non toglie che tali esperimenti possano fungere da "laboratorio" per concepire social network meno tossici.

Un'idea particolarmente vicina al concetto di Gentle Tech è l'inserimento di "micro-esercizi" di mindfulness nelle interfacce digitali più comuni. Alcune aziende di software gestionale (come Asana o Notion, in progetti beta) stanno testando funzioni che, in determinati momenti della giornata (ad esempio dopo un periodo di lavoro intenso o prima di una riunione virtuale), suggeriscono brevi pause di "check-in emotivo" o di respirazione guidata.

- Funzionamento tipico: L'utente riceve una notifica interna ("Hai lavorato ininterrottamente per 90 minuti. Prenditi 2 minuti di respiro prima di continuare") e può scegliere di avviare un mini-tutorial audio. Oppure, può ignorare la notifica. I dati preliminari mostrano che chi partecipa regolarmente a queste pause riferisce un calo di stress e una maggiore capacità di riprendere con concentrazione l'attività successiva (Notion Labs, 2022).

Questo approccio si collega ai princìpi della "positive computing", una disciplina che studia come il design dell'ecosistema digitale possa favorire benessere e fioritura (Calvo & Peters, 2014). In tal senso, la Gentle Tech non è solo "meno notifiche" o "meno funzioni", ma un sistema proattivo che incoraggia l'utente a prendersi cura di sé, senza invaderne la privacy o manipolarne le emozioni.

Nonostante l'interesse crescente per la Gentle Tech, esistono barriere importanti che ne limitano la diffusione:

1. Modello di business: molte aziende tech si reggono su modelli pubblicitari fondati su quantità di tempo speso online. Introdurre funzioni che spingano gli utenti a "staccare" sembra controproducente per chi mira all'engagement continuo.

2. Abitudini consolidate: molti utenti sono ormai assuefatti a notifiche e scroll infiniti, e possono vivere con iniziale resistenza la riduzione del flusso informativo.

3. Investitori e marketing: le startup Gentle Tech spesso faticano a trovare finanziamenti, poiché la promessa di "meno tempo online" non appare redditizia a investitori che cercano crescita esponenziale.

Tuttavia, c'è un numero sempre maggiore di persone che iniziano a vedere nella tecnologia uno strumento da utilizzare in modo più deliberato e meno compulsivo. Alcuni esperti di psicologia digitale (Alter, 2017) predicono che, in parallelo con l'aumento di fenomeni come la dipendenza da smartphone o gaming, crescerà anche la domanda di soluzioni "gentili" che promuovano la qualità del tempo online anziché la quantità.

La Gentle Tech potrebbe non diventare la "norma" di colpo, ma può aprire strade e standard di riferimento. Immaginiamo un futuro — forse non troppo lontano — in cui i sistemi operativi offrano di default opzioni di "regime lento", in cui, ad esempio, le notifiche per determinate app siano contingentate e si incoraggi una fruizione più simile a un "momento di uso" (come aprire un libro) che a un bombardamento continuo di input.

Questo cambio di passo richiede non solo un mutamento tecnologico, ma anche culturale: occorre rivalutare il valore del silenzio, della pausa, della concentrazione prolungata. In una società segnata da velocità e pressione produttiva, la Gentle Tech fa appello a chi sente il bisogno di un ritmo più umano, di uno spazio per la riflessione. Da nicchia, potrebbe diventare una voce influente se sostenuta da consumatori più consapevoli, da aziende coraggiose e da politiche che incentivino progetti con finalità di benessere collettivo.

CAPITOLO 9

Giunti a questo punto del nostro percorso, abbiamo esplorato l'impatto dell'IA su svariati ambiti — dalla sanità all'educazione, dalla gestione delle risorse naturali alle scelte di design tecnologico. Eppure, restano sul tavolo alcune delle questioni più affascinanti e al contempo inquietanti: che cosa significa convivere con robot apparentemente "empatici"? Qual è il destino dell'essere umano se si spinge verso forme di "potenziamento" e fusione con la macchina? Quali scenari futuri si aprono tra possibilità e rischi concreti, come la disoccupazione tecnologica e l'alienazione digitale? E, infine, come integrare una visione "mindful" in una realtà in rapido mutamento?

La robotica sociale non è più un mero esercizio di fantascienza: robot "companion" compaiono in ospedali, scuole e case di riposo, svolgendo funzioni di assistenza o compagnia. In Giappone, secondo i dati del Ministero della Salute (2021), la robotica rappresenta una delle soluzioni abbracciate per fronteggiare l'invecchiamento della popolazione e la carenza di personale sanitario. Questi robot mostrano espressioni facciali, riconoscono i toni di voce, fanno domande, raccontano storie e interagiscono con le persone anziane, stimolandone le capacità cognitive e tenendo sotto controllo i parametri vitali.

Tuttavia, si pone il quesito fondamentale dell'empatia: una macchina può veramente "sentire" ciò che l'umano vive, o si tratta soltanto di una sofisticata simulazione di prossimità emotiva? Alcuni pazienti potrebbero finire con l'attaccarsi a un robot che, di fatto, non possiede alcuna esperienza interiore. In una prospettiva mindful, non si tratta di condannare la robotica sociale, ma di mantenere la lucidità di chi riconosce che quel sorriso meccanico o quella reazione "rassicurante" non corrispondono a un vissuto empatico autentico. Il valore aggiunto del robot può essere alto (assistenza 24/7, monitoraggio costante), purché non sostituisca completamente i rapporti umani e non induca l'illusione di un'amicizia reciproca che, in realtà, è monodirezionale.

Come suggerito da alcune sperimentazioni in Giappone e negli Stati Uniti, i robot "companion" possono effettivamente migliorare la qualità di vita di persone isolate o a mobilità ridotta, prevenire incidenti domestici e aiutare a gestire le terapie farmacologiche. Il confine da presidiare è la trasparenza: chi progetta questi robot deve specificare i limiti dell'interazione, evitando di vendere l'illusione di un "amico perfetto artificiale". È un discorso che chiama in causa il design etico: più il robot appare antropomorfo, più cresce il rischio di proiezione affettiva da parte dell'essere umano, con conseguenze potenzialmente pericolose sul piano emotivo.

La mindfulness, in questo scenario, diventa uno strumento di consapevolezza relazionale: può insegnare al personale sanitario, ai familiari e allo stesso utente a distinguere tra un valido supporto tecnologico e il bisogno di contatto umano, e a capire quando occorra l'intervento di una vera relazione empatica. In altre parole, le macchine possono arricchire, ma non sostituire, la cura reciproca che caratterizza l'essenza dei legami umani.

Parallela alla robotica sociale, esiste un'altra corrente che potremmo definire più "radicale": il transumanesimo, un movimento filosofico e culturale che promuove l'idea di utilizzare la tecnologia per potenziare l'essere umano, superando i confini imposti dalla biologia. Si parla di impianti neurali, protesi cibernetiche, modifiche genetiche e connessioni dirette con l'IA, al fine di elevare le nostre capacità cognitive, fisiche e persino emotive. Società come Neuralink, fondata da Elon Musk, lavorano su interfacce cervello-computer che promettono di abilitare una comunicazione "telepatica" tra individui, o di farci accedere istantaneamente a enormi database di conoscenze.

Dal punto di vista mindful, questa prospettiva solleva alcuni interrogativi cruciali: diventare più intelligenti, più forti, più rapidi, ci rende automaticamente più saggi o più compassionevoli? La pratica contemplativa, in molte tradizioni, insegna che l'autentica trasformazione dell'essere umano non passa soltanto per l'aumento delle prestazioni, ma per una maturazione interiore, una comprensione profonda delle motivazioni e delle relazioni. Se l'"upgrade" tecnologico non è accompagnato da un'educazione etica e empatica, si rischia di acuire le disuguaglianze (chi può permettersi l'impianto avrà un vantaggio enorme) e di smarrire la connessione con la nostra natura vulnerabile, spesso sorgente dell'empatia e della cooperazione.

Alcuni teorici transumanisti, come Max More, ammettono che il potenziamento cognitivo non coincide con un potenziamento dei valori morali. In un mondo in cui diventerà possibile "aumentare" alcune funzioni cerebrali, la mindfulness potrebbe fungere da contrappeso culturale, invitando a riflettere su domande come: "Perché desideriamo potenziarci? Quali inclinazioni e paure ci guidano? Come garantire che il potenziamento non distrugga la nostra capacità di sentire empatia verso chi rimane 'indietro'?".

Praticare la consapevolezza potrebbe aiutare l'individuo a non confondere l'essere più performanti con l'essere più realizzati. E ancora, un approccio mindful potrebbe allertare la collettività su quanto possa essere rischiosa una convergenza tra IA e capacità neurali, se non c'è una solida struttura di governance e di tutela dei diritti. La persona potrebbe diventare "aperta" a invasioni di privacy direttamente nel proprio cervello, o a manipolazioni commerciali ancor più profonde di quelle attuali.

Negli scorsi capitoli abbiamo già introdotto il tema degli scenari futuri: da un lato, la tecnologia promette sviluppi creativi e soluzioni avanzate a problemi sociali ed economici; dall'altro, si profilano rischi ben concreti. La robotica sociale e il transumanesimo fanno parte di questa dialettica, mostrando al contempo potenzialità liberanti e possibili derive alienanti.

Se guardiamo ai prossimi dieci-quindici anni, secondo il "MIT Technology Review" (2022), assisteremo a una maggiore collaborazione tra esseri umani e IA in campi come la ricerca scientifica, l'arte, la creazione di nuovi business. Questa cooperazione potrà aprire spazi di co-creazione: le reti neurali generative offriranno spunti e gli umani li arricchiranno di sensibilità e valori. Anche la robotica sociale, con i giusti accorgimenti, potrebbe rendere meno gravose alcune professioni di cura e assistenza. L'invecchiamento demografico in Occidente è un fenomeno che necessita di soluzioni innovative, e i robot, se concepiti con etica e mindfulness, potrebbero affiancare il lavoro dei caregiver senza rimpiazzarne l'umanità.

L'altra faccia della medaglia è l'automazione di mansioni di medio e basso livello, con l'inevitabile riduzione di posti di lavoro. Il McKinsey Global Institute (2021) stima che entro il 2030 circa 400 milioni di persone a livello globale potrebbero dover cambiare completamente settore d'impiego. Senza politiche di formazione continua e sostegno alla riconversione professionale, si rischia un'ondata di disoccupazione e di precarietà che può favorire tensioni sociali. Inoltre, la presenza di robot e IA in ambiti come la cura, l'educazione e l'amministrazione pubblica potrebbe alimentare una sensazione di alienazione, se le persone cominciano a percepire la tecnologia come un meccanismo impersonale che "decide" al posto loro.

A tutto ciò si aggiunge il fenomeno del digital stress: la "iper-connessione" e la paura di essere sostituiti da una macchina possono minare la salute mentale di molti lavoratori. Alcune ricerche (Harvard Business Review, 2020) evidenziano un aumento dell'ansia e del burnout in contesti altamente automatizzati, specialmente tra impiegati chiamati a "validare" decisioni di IA senza comprendere appieno il funzionamento degli algoritmi.

L'idea di un Mindful Future fa perno su alcune scelte collettive e personali:

- Formazione: preparare i lavoratori e le nuove generazioni a competenze più creative, relazionali e critiche, integrando percorsi di mindfulness e gestione dello stress.
- Governance: creare politiche lungimiranti per governare l'impatto dell'IA e della robotica, favorendo modelli di welfare che assistano chi perde il lavoro e incentivino le competenze nel campo della cura e della cooperazione umana.
- Pratiche di consapevolezza diffuse: introdurre, in contesti aziendali e sociali, metodologie di auto-osservazione e dialogo empatico, così da bilanciare la velocità del progresso tecnologico con la profondità di un'evoluzione culturale.

In un tale orizzonte, i robot sociali sarebbero strumenti integrati in un sistema di relazioni umane, non sostituti di quest'ultime. Le persone "potenziate" dal transumanesimo resterebbero soggette a una responsabilità etica, con meccanismi di vigilanza democratica su come le tecnologie di aumento sono distribuite e regolate. La dimensione mindful, in definitiva, inviterebbe a un uso intenzionale dell'innovazione, non guidato dalla sola accelerazione del mercato.

Alla luce di quanto esposto, non esiste una risposta semplice al dilemma: "Come unire l'intelligenza artificiale e la crescita interiore dell'uomo, senza cadere in derive pericolose?". Ciò che appare sempre più evidente è la necessità di un equilibrio: la tecnologia va governata, compresa, calibrata, e la pratica mindfulness può offrire uno strumento concreto per coltivare l'attenzione, l'empatia e la responsabilità nelle scelte.

1. Robotica sociale: può essere un validissimo sostegno, ma richiede regole e trasparenza. L'empatia umana è ancora insostituibile, e la macchina deve rimanere un supporto, non la fonte unica di compagnia o cura.

2. Transumanesimo: l'idea di un uomo "aumentato" punta a superare limiti biologici, ma rischia di trascurare la maturazione etica ed empatica. La mindfulness introduce la prospettiva che la vera evoluzione interiore non si ottiene con un chip, bensì con un processo consapevole di comprensione e integrazione.

3. Scenari futuri: tra possibilità di progresso (maggiore collaborazione uomo-macchina, nuove forme di creatività, soluzioni a problemi planetari) e rischi di disoccupazione e alienazione. Una cultura mindful può limitare gli effetti nocivi, valorizzando la formazione, la coesione sociale e la dignità del lavoro.

4. Orizzonte mindful: integrare la consapevolezza in ogni passaggio, dalle progettazioni di AI alla definizione di politiche, dal mondo aziendale alle comunità locali, per non farsi travolgere dalla velocità e dalla logica del profitto a breve termine.

In conclusione, potremmo adottare l'immagine di un *"camminare su un filo"*: da una parte, il desiderio (e la necessità) di spingere la ricerca, creare robot e potenziare l'uomo per affrontare sfide planetarie enormi. Dall'altra, il rischio di cancellare l'umanità così come la conosciamo, fatta di empatia, lentezza, confronto, errori e scoperte fortuite. La mindfulness, concepita non come pratica individualistica, ma come "rivoluzione gentile" e collettiva, offre un modo per mantenere l'equilibrio su questo filo, ricordandoci che ciò che conta davvero non è l'assenza di tecnologia, bensì la presenza dell'uomo, consapevole e responsabile nel suo uso. Siamo di fronte a un passaggio di epoca: se sapremo unire la spinta dell'innovazione con la profondità della riflessione, potremmo dar vita a un mondo in cui la robotica sociale e le prospettive transumaniste non soffochino la dimensione umana, ma la elevino. Un mondo in cui l'intelligenza artificiale non sia un idolo o un demone, ma un partner in un cammino di crescita condivisa. E, in ogni passo, la mindfulness ci aiuta a "stare" con il cambiamento, a discernere le scelte virtuose, a riscoprire nella nostra natura relazionale — imperfetta ma unica — la chiave per un futuro dove tecnologia e consapevolezza si sostengano a vicenda.

CAPITOLO FINALE

Abbiamo percorso insieme un viaggio che ha intrecciato l'Intelligenza Artificiale con la mindfulness, esplorando le sue implicazioni sul lavoro, sulle relazioni, sulla governance, sull'ambiente e persino sulla nostra identità più profonda. Ora, mentre volgiamo l'ultima pagina, non ci sentiamo di chiudere il discorso con risposte definitive. Al contrario, il finale di questo percorso si apre a domande, a riflessioni antropocentriche e a un futuro che, per sua natura, resta in parte misterioso.

Cosa significa, oggi, essere umani in un mondo in cui le macchine apprendono, comunicano e persino sembrano "sentire"? Se le tecnologie diventano sempre più integrate nella nostra quotidianità, rischiamo di perdere quel senso unico di umanità che nasce dall'esperienza, dal contatto diretto e dall'imperfezione?

Qual è il confine tra la simulazione di un'emozione e l'effettiva empatia? Possiamo davvero affidare il nostro benessere, la nostra salute, le nostre relazioni a sistemi che, pur essendo straordinariamente efficienti, non possono conoscere la sofferenza, la gioia o il dubbio?

Guardando avanti, ci chiediamo: come potremo governare un mondo in cui l'IA diventa sempre più sofisticata, in cui le nostre vite sono intrinsecamente connesse a reti di algoritmi e big data? Sarà possibile costruire un "futuro mindful" in cui la tecnologia sia un alleato e non un padrone? E se, in un prossimo futuro, la tecnologia ci spingesse oltre i limiti attuali, verso un'epoca in cui l'uomo potenziato si fonda con la macchina, cosa rimarrà di quella nostra parte di fragilità e di capacità di sentire? In che modo potremo preservare, o addirittura rafforzare, quella dimensione etica e relazionale che ci rende davvero umani?

Forse la domanda più fondamentale è: chi siamo noi, oggi, in un mondo in cui l'intelligenza artificiale ha preso parte al nostro tessuto sociale? Se le nostre interazioni, le nostre scelte e persino il modo in cui costruiamo la nostra identità sono mediate da algoritmi, in che misura possiamo definirci autonomi? La nostra esistenza non si riduce a una serie di input e output, anche se le macchine sembrano seguirci passo dopo passo. La mindfulness ci ricorda che la consapevolezza, la capacità di riflettere e di sentire la complessità delle emozioni, è qualcosa di intrinsecamente umano. Questa consapevolezza ci spinge a domandarci: possiamo, o dobbiamo, trasformare questa tecnologia in un mezzo per arricchire la nostra esperienza di vita, senza snaturare ciò che ci rende unici?

In questo momento, il futuro dell'IA è ancora un territorio in divenire, un cammino che si intreccia con le scelte etiche, politiche e culturali di ogni società. Che tipo di mondo costruiremo? Potremo integrare le innovazioni tecnologiche con una cultura della mindfulness, dove ogni progresso sia accompagnato da una riflessione profonda e da una responsabilità collettiva? Oppure ci troveremo intrappolati in un'economia dell'efficienza che dimentica la lentezza necessaria per ascoltare, comprendere e coltivare relazioni autentiche?

Le risposte non sono definitive, e forse non lo saranno mai. Ma il vero invito è quello di continuare a porre domande, a cercare un equilibrio, a non accettare passivamente ciò che la tecnologia ci offre. Il nostro futuro dipende dalla capacità di rimanere critici, presenti e, soprattutto, umani.

Ti invito a portare con te queste domande, a riflettere su di esse nella tua quotidianità, e a non smettere mai di cercare quel "nuovo equilibrio" tra innovazione e umanità.

La rivoluzione dell'IA non si conclude con questo libro; è un processo continuo, un cammino aperto a ogni nuova scoperta e a ogni nuova scelta. Che tu sia un professionista, uno studente, un insegnante o semplicemente un curioso, ricorda che ogni passo di consapevolezza, ogni momento di pausa, è un contributo a un futuro dove la tecnologia diventi uno strumento per potenziare il meglio di noi stessi, e non un vincolo che ci separa dal nostro vero io.

Concludo lasciandoti con una domanda: In un mondo dove la macchina sembra evolversi ad un ritmo vertiginoso, come farai a preservare e coltivare la tua umanità? La risposta, forse, è proprio nelle piccole scelte quotidiane e nella consapevolezza che ogni respiro può essere un atto di rivoluzione gentile. Buon viaggio nel futuro, con la certezza che il vero potere risiede sempre nella consapevolezza di essere, nel qui e ora, esseri umani.

Bibliografia

- ACM, Elsevier. (2019). *Computers in Human Behavior.* Studi su mindful communication e moderazione dei conflitti online.
- American Medical Association. (2021). Report sul burnout dei medici durante la pandemia da COVID-19.
- Asian Development Bank. (2021). Global Education Monitoring Report: Impatti della pandemia sull'istruzione in Asia.
- BIDMC Internal Report. (2021). Utilizzo di sistemi IA nelle immagini mammografiche – Beth Israel Deaconess Medical Center, Boston.
- Center for Mind-Body Medicine (CMBM). (2020). *Stress Reduction in Clinical Settings.* Washington, USA.
- Chalmers, D. J. (1996). *The Conscious Mind: In Search of a Fundamental Theory.* Oxford University Press.
- Crick, F. (anni '90). Discussioni sul riduzionismo in ambito neuroscientifico (citato nei lavori di riferimento per la coscienza).
- Deloitte. (2021). *AI in Healthcare: Global Survey.* Analisi sull'adozione di IA in campo sanitario.
- Family Online Safety Institute (FOSI). (2020). Report su famiglie e regole digitali.
- Floridi, L. (2020). *The Ethics of Artificial Intelligence.* Oxford University Press.
- Goleman, D. & Davidson, R. J. (2017). *Altered Traits: Science Reveals How Meditation Changes Your Mind, Brain, and Body.* Avery.
- Harari, Y. N. (2018). Riflessioni sul futuro dell'umanità in relazione alle tecnologie emergenti (citato in discussioni sul cambiamento culturale).

- HCAI – Human-Centered AI Initiative, Stanford University. (2020). Report su progetti e ricerche in IA centrata sull'uomo.
- IPCC. (2018). *Special Report on Global Warming of 1.5°C.* Intergovernmental Panel on Climate Change.
- ILO & OCSE. (2022). *Global Labour Market Outlook.* Riflessioni e proiezioni sul futuro del lavoro in relazione all'IA.
- Jaynes, J. (1976). *The Origin of Consciousness in the Breakdown of the Bicameral Mind.* Houghton Mifflin.
- MIT Technology Review. (2022). Report sulle innovazioni IA nelle industrie creative.
- McKinsey Global Institute. (2021). *Automation and the Future of Work.* Analisi dell'impatto dell'automazione sul mercato del lavoro.
- More, M. (2015). Discussioni sul transumanesimo e le sue implicazioni etiche (citato nelle riflessioni sul potenziamento umano).
- Noble, S. U. (2018). *Algorithms of Oppression: How Search Engines Reinforce Racism.* NYU Press.
- OCSE. (2019). *Principles on Artificial Intelligence.* Organizzazione per la Cooperazione e lo Sviluppo Economico.
- Pariser, E. (2011). *The Filter Bubble: What the Internet Is Hiding from You.* Penguin Press.
- Palmo, T. (2008). *No Self, No Problem: How Neuroplasticity and Empirical Meditation Help You Understand Your Mind and Transform Your Life.* (Testo ispirazionale sulla prospettiva buddista del non-sé).
- Searle, J. R. (1980). "Minds, Brains, and Programs." *Behavioral and Brain Sciences*, 3(3), 417-424.
- Strubell, E., Ganesh, A., & McCallum, A. (2019). "Energy and Policy Considerations for Deep Learning (Analisi sull'impronta energetica dell'IA.)

- Topol, E. (2019). "High-performance Medicine: The Convergence of Human and Artificial Intelligence." *Nature Medicine.*
- Turkle, S. (2015). *Reclaiming Conversation: The Power of Talk in a Digital Age.* Penguin Press.
- UNESCO. (2021). *AI in Education: Policy Recommendations.*
  — (2020). *Global Education Monitoring Report.*
- World Economic Forum. (2021). *The Future of Jobs Report.*